IV

生徒指導研究のフロンティア
シリーズ

森田洋司／山下一夫
[監修]

教育臨床の
視点に立った生徒指導

阿形恒秀 [著]

G学事出版

『生徒指導研究のフロンティア』
趣旨

　本シリーズは、生徒指導の第一線に立つ研究者、教育行政関係者、現場教師の叡智や実践を集め、これまでの生徒指導を総括するとともに、新しい時代の生徒指導を構築していくために企画されました。

　そのねらい、目指すものは以下の通りです。

・これからの社会の方向性と将来を担う子どもたちに必要とされる資質・能力とは何かを明らかにし、場当たり的なその日暮らしの指導ではなく、中・長期的視野に立った生徒指導の考え方と実践の方向性を提示する

・新学習指導要領や第三期教育振興計画など、現在進行している新たな教育改革・学校改革の動向を踏まえた生徒指導を提案する

・最新の国内外の研究や新しい教育の流れをベースにして、これからの生徒指導の新たな地平を切り開く内容を盛り込む

・使い手の視点に立って明日からにでも役立つ指導や実践を示しながらも、研究・実践や調査から得られた知見をその背後で裏打ちすることによって、読者が自信をもって指導に臨むことのできる内容を示す

・多様化し複雑化する児童生徒の問題に直面して抱く読み手のさまざまな悩みや指導の手詰まり感・疲弊感を乗り越え、学校現場に明日に向かう力を与える

　本シリーズが、日々の生徒指導実践の一助になることを願っています。

監修者　森田洋司

山下一夫

第4巻のねらい

　本書は、「生徒指導研究のフロンティアシリーズ」第4巻として執筆させていただいた、教育臨床の視点に立った生徒指導論です。

　現代社会においては、「科学の知」（科学的なものの考え方）が重要視されます。それは、普遍性・論理性・客観性という三つの原理に基づく考え方です（中村雄二郎、1992）。そのような考え方が現代社会の発展を実現したように、「科学の知」は大切な役割を担ってきました。一方で、これらの原理にあてはまらないものは、「科学的ではない」と軽視される傾向も生まれました。しかし、学校現場や人と人との関係において、「科学の知」では割り切れないことは数多くあります。このような状況を乗り越えていくためには、「科学の知」だけでなく「臨床の知」も必要になってくるだろうと思われます。「臨床の知」とは、個別性・現実性・関係性を重視する考え方です。教育学の領域においても、実践的な研究を深めていくためには、「科学の知」だけでなく「臨床の知」も不可欠です。教育臨床とは、このような「臨床の知」に立った教育論という意味です。

　『生徒指導提要』（文部科学省、2010）には、一人一人の児童生徒を理解することの重要性が示されています。これは、「臨床の知」における個別性の原理に関係していると捉えることができます。そして、そこからは、「生徒指導の"答え"には、一般解はなく、すべて特殊解である」という考え方、「生徒指導に"万能薬"なし」という考え方が導かれます。また、生身の人間の「問題」を理解するためには、一つの（一人の）具体的な問題を深く掘り下げて考察していく中でこそ普遍性に至ると考えることもできます。臨床心理学者の河合隼雄は、個人の一部分を対象化する方法は、個々の要素に共通する普遍性は見出されても臨床家には役に立たないが、個人の全体性を損なうことなくその個人の世界を探求する方法は、臨床家が他の個人と接するときの共通の型を与えるものとして普遍性を持つと指摘しています。そして、「『個』を明らかにすればするほど、それは普遍性を持

つものである」「ひとつの症状について何例かをまとめ、それについて普遍的な法則を見出すような論文よりも、ひとつの事例の赤裸々な報告の方が、はるかに実際に『役立つ』」（河合隼雄、1986a）と述べています。だからこそ、生徒指導や教育相談においては、個別事例・実践事例・エピソードなどを交えながら考察する方法が重要になるわけです。

　「臨床の知」における現実性の原理とは、リアリティを重視するということ、裏返して言えば、建前・空論・非現実的な理想論に陥ることに留意することを意味します。現実はいつも多義性（一つのモノ・コトは多くの意味やイメージを持っているということ）を持っています。ですから、「臨床の知」では、現実を複雑系として捉え、物事を直線的・単線的な因果関係で考えることはしません。現実の多義性を大切にするということは、「簡単に分かった気にならない」ということでもあります。

　「臨床の知」における関係性の原理とは、観察者と対象（教育では教師と児童生徒）の関係を切断しないことを意味します。「科学の知」では、例えば顕微鏡でモノを観察する場合などがそうですが、できるだけ自分の主観や感情を交えないで、冷静に客観的に対象を観察するために、自分と対象との関係を切断することが求められます。一方、「臨床の知」においては、むしろ、対象との関係を切断しない点に特徴があります。教育臨床においては、教師と児童生徒とのコミュニケーションが重要な意味を持つわけですから、教師にとっては児童生徒との感情の交流等の関係性も重要な「観察すべき対象」であり、自分自身も「観察すべき対象」であるわけです。したがって、「我」には、冷静な観察者として「汝」にかかわることと、主観を排除しない主体的な存在として「汝」にかかわることとが同時に求められることになります。そういう意味では、「臨床の知」を持つ教員とは、児童生徒との関係性（信頼関係）を重視する"クールでホットな教師""ドライでウエットな教師"であるとも言えるでしょう。『生徒指導提要』にも、「生徒指導においては児童生徒理解そのものが教育的関係の成立を左右するといっても過言ではありません」と書かれているように、教師と児童生徒理解と信頼関係の構築は、生徒指導において欠くことのできない基本的な要件だと思います。

私は大学教員になる前は、高校で教員を務めてきました。学校現場での
30年間では、生徒指導上の課題について悩むこともしばしばありました。
そして、何とか解決を図りたいとヒントを求める際には、教育学の文献よ
りも同僚の実践や他校の取組を参考にすることが多かったように思います。
その理由は、誤解を恐れずに言うならば、教育学の概念や理論には学校現
場が直面する問題につながるリアリティを欠いているものが少なくないよ
うに思えたからです。私の勉強不足、理解不足が原因でそう思い込んでい
た面もないわけではありませんが、「実存は本質に先立つ」「実践は理論よ
りも奇なり」というのが私の基本的なスタンスです。
　なので私は、教育臨床の視点に立って、できるだけ現場の先生方や教職
を目指す学生さんが腑に落ちるような言葉を探して本書を書き進めました。
また、私自身の学校現場での経験、同僚や知人の実践、教職大学院で私が
かかわった現職院生の取組などをところどころに引用・紹介しました。
　第1章では、生徒指導にあたる教師の「優しさと厳しさ」をテーマとし
ました。学校現場でも学術の世界でも、いずれかに偏った考え方では、生
徒指導上の課題に深く関与することはできないと思います。「両方大事」
なのです。そこで、第Ⅰ節では、規律指導と教育相談を対比し、その対立
の構造を整理しました。第Ⅱ節では、「力愛不二」をキーワードに、「愛の
ない力」「力のない愛」のいずれにも問題があることを明らかにし、両者の
統合の重要性をまとめました。第Ⅲ節では、組織的な生徒指導について、
単なるシステム論ではなく、特性の異なる教師、専門性の異なる機関が連
携することの意義と、保護者との連携による学校知と家庭知の融合の意義
について考察しました。
　第2章では、生徒指導にあたる教師の「理解とかかわり」をテーマとし
ました。『生徒指導提要』には、愛と信頼に基づく教育的関係が成立してい
なければ生徒指導の成果を上げることができないと示されています。本書
でも、「愛と信頼に基づく教育的関係」を念頭に置いて、教師の児童生徒理
解、教師と児童生徒のかかわりについて考えてみました。第Ⅰ節では、共
感的理解をキーワードにして児童生徒理解についてまとめました。また、
教育相談担当教師とスクールカウンセラーの比較を通じて、治療における

共感・かかわりと教育における共感・かかわりの共通点と相違点を整理しました。第Ⅱ節では、「教師が自己一致しているか」「児童生徒の主体性を尊重しているか」「教師の指導性を失っていないか」「現実から遊離した指導を行っていないか」などの観点から、教師の本気という問題について考察しました。第Ⅲ節では、日本のサル学の方法論に学ぶべき点を示しつつ、教師と児童生徒との信頼関係に係る学生の意見や現職院生の実践例を紹介しながら、教師の本気のかかわりの実相を提示しました。

　本書を執筆した 2020 年は、新型コロナウイルス感染防止のために、さまざまな制約の下で学校教育が展開されました。昨年の春に修了し学校現場に戻ったある小学校教諭は、「ウイルスを恐れ、遅れた勉強を取り戻すことばかりやっきになっていては、子どもと信頼関係を築くのに時間がかかるのではないかと思います」と、現場の状況を伝えてくれました。未曾有の困難・不条理に直面している状況だからこそ、教育臨床の視点に立った生徒指導の基本に立ち返って学校教育を考えることが大切だと思います。

　本書の構想を練る際にいろいろとご指導・ご助言くださった森田洋司先生が、2019 年 12 月に急逝されました。森田先生は生前、いじめ問題に関するご講演などで、ソーシャル・ボンド（社会的な絆(きずな)）の重要性をしばしば指摘しておられたことが、改めて思い起こされます。関係性の原理を軸に据えていじめ防止対策を考えておられたのだと思います。

　コロナ下においては、感染防止のためにうがい・手洗い・マスク着用・三密回避等の徹底を図ることは重要です。しかし、それとともに、児童生徒がソーシャル・ディスタンスを保ちつつソーシャル・ボンドを深めることができるような学習活動や学校行事等の工夫を図ることも、今後ますます重要になってくるだろうと思われます。「マスクした　顔しか知らぬ　友多し　素顔を見たき　コロナ禍の夏」。徳島のある中学生が作った短歌です。児童生徒は「顔の見えるつながり」を求めているのです。

　本書が、シリーズの趣旨にあるように、学校現場の「悩みや指導の手詰まり感・疲弊感」を解消していく、そして、ポストコロナの方向性や、教育臨床の視点に立った生徒指導を考えるヒントになれば幸いです。

阿形恒秀

目　次

第1章

優しさと厳しさ

Ⅰ 規律指導と教育相談

1 教科指導と生徒指導——教師の仕事とは

「学校の先生の仕事は何か？」と問われると、一般的には、「勉強を教えること」という答えが思い浮かぶだろう。しかしながら、勉強を教えることは教師の仕事の半分にすぎない。

数年前に、筆者の母校の高校のキャリア教育の取組で、教職を目指す後輩たちに「教師という専門職のやりがい」という演題で話す機会があった。事前に届いた質問の中に、「学問を教えること以外に生徒に何をしてあげるのが教師の仕事ですか？」という質問があった。

そこで筆者は、次のように返答した。「少し固い言い方をすると、教師の指導とは、教科指導と生徒指導で成り立っています。教科指導は『学問を教えること』ですが、私の専門でもある生徒指導は、『一人一人の児童生徒の人格を尊重し、個性の伸長を図りながら、社会的資質や行動力を高めることを目指して行われる教育活動』であると定義されています。別の言い方をすれば、生徒を褒め、叱り、励まし、戒め、信じることを通じて、『一人ひとりの生徒の豊かな自己実現を支援すること』です。教科指導と生徒指導は、いずれも教育における大切な営みです。」

ここで引用した生徒指導の定義は、文部科学省（2010）による生徒指導の基本書『生徒指導提要』に示されているものである。

教科指導・学習指導が教師の役割として大切な柱であることは言うまでもない。そして、教科教育学において、各教科における教育内容・教育方法等の研究を進めることも重要である。しかしながら、学校現場の教師が感じている「授業での指導の難しさ」の解決は、教科教育学だけでは対応

できないように思われる。

　小説家の重松清は、ある政治家が、女子マラソンの指導者の小出義雄監督のような人が教育改革には必要なのだと絶賛したことについて、疑問を呈している。ただし重松は決して小出監督の指導を否定しているわけではなく、優れた「指導者」である監督を「教育者」だと言い換える政治家を批判しているのである。

　重松（2001）は、「『速く走りたい！』という意志を持った部員の才能や個性を見抜き、タイムを上げていくのは、『指導』です。でも、じゃあ、『走るのってかったるいじゃん』と体育の授業のグラウンド1周すら嫌がる生徒に、その『指導』は有効なのか……。言ってみれば、受験合格という明確な目標のある生徒を教える塾や予備校の先生と、『だって、オレ、自分がなにしたいのかわかんねーんだもん』とぼやく生徒を教える学校の先生との違いですね。『指導』はもちろん『教育』の中の重要な柱ですが、『指導』＝『教育』ではないはずです。しかし、昨今の『教育』をめぐるさまざまな議論を見ていると、『指導』＝『教育』にしてしまおうという思惑が露骨に覗いているような気がしてなりません。」と述べている。

　教育は「教」と「育」で成り立っている。「指」示して「導」くことは「教」えることにつながっているが、児童生徒を「育」てる、あるいは児童生徒が「育」つ視点も重要であるということを重松は指摘しているのだろう。

　勉強を「拒む」「避ける」「ためらう」ことなく、全ての児童生徒が意欲的に学習する状況にある教室は、現実にはほとんどないのではないか。だから現場の教師は、「いかに教えるか」の前に「いかにその気にさせるか」という点で頭を悩ませ試行錯誤しているのである。「いかに教えるか」の深化は主に教科内容や教育方法に関する理論が参考になるが、「いかにその気にさせるか」の深化は主に生徒指導に関する理論が参考になるだろう。

　学習指導における生徒指導について、『生徒指導提要』には二つの側面が示されている。一つは「各教科等における学習活動が成立するために、一人一人の児童生徒が落ち着いた雰囲気の下で学習に取り組めるよう、基本的な学習態度の在り方等についての指導を行うこと」であり、もう一つは、「各教科等の学習において、一人一人の児童生徒が、そのねらいの達成に向

けて意欲的に学習に取り組めるよう、一人一人を生かした創意工夫ある指導を行うこと」である。別の言い方をすれば、「授業規律に係る生徒指導」と「学習意欲に係る生徒指導」と捉えることもできよう。

学力向上を巡って競争原理や成果主義が広まった結果、近年は進学塾のカリスマ講師が教員研修の講師に招かれることもある。しかし、「学ぶことの意味」を「良い学校への進学」で意味づけることで一定の学習意欲をもつようになる児童生徒は一部でしかない。現場の教員は、「この勉強に意味があるのだろうか」「別に進学校や有名大学に行きたいわけじゃない」と感じている児童生徒とも向き合っている。したがって、そこを乗り越えていくためのヒントは、アスリートの指導者や進学塾のカリスマ講師の「スペシャルな専門性」の中ではなく、目的意識が見出せず意欲がわかない児童生徒と丁寧に関わり、耳を傾け、理解を深め、可能性を見出し、課題を把握し、褒め、やる気を引き出し、叱り、自省を促し、奮い立たせる、「学校現場の生徒指導の専門性」の中にこそ見出せると筆者は考えている。

2 生徒指導の概念

（1）生徒指導の定義

生徒指導にあたる英語は School Guidance and Counseling、Student Guidance and Counseling、あるいは Guidance and Counseling を用いることが多い。山下（1999）は、**図1** のように、School Guidance and Counseling を「広義の生徒指導」、School Guidance を「狭義の生徒指導」、そして、School Counseling を「教育相談」と示している。「（狭義の）生徒指導」とは、学校生活における児童生徒の問題行動への対応等を指していると考えられる。また、「広義の生徒指導」は「積極的生徒指導」、「狭義の生徒指導」は「消極的生徒

図1　生徒指導の概念

指導」と称されることもある。

　ところで、生徒指導をめぐる議論は、「広義の生徒指導」を念頭に置く側と「狭義の生徒指導」を念頭に置く側の立ち位置のズレから、かみ合わないことがよくある。そこで阿形（2015a）は、狭義の生徒指導を「規律指導」と表現し、議論の混乱を避けるようにしている。

　ただし、規律指導とは懲戒（問題行動の規制・矯正）だけを指しているわけではない。八並（2020）は、目的と対象によって、生徒指導を、「治す」生徒指導（リアクティブ）と「育てる」生徒指導（プロアクティブ）に大別している。そして、前者が「予防的な指導」「課題解決的な指導」であるのに対して、後者は、アメリカのガイダンスカリキュラムを例示しつつ、「成長を促す指導」であるとしている。ここでいう規律指導も、「治す」生徒指導と「育てる」生徒指導の両方の側面をもつ指導として考えている。

（2）学校現場における生徒指導

　学校現場においては、「生徒指導の先生」と言えば、児童生徒も教員も保護者も「叱り役の先生」というイメージを思い浮かべるものである。実際、学校（特に中学校・高校）における生徒指導の具体的内容は、「授業規律に関する指導」「遅刻や欠席に対する指導」「服装や頭髪に関する指導」「集会指導」「懲戒」などである。

　筆者は30年間、高等学校に勤務したが、筆者も含めて教職員は、生徒指導担当教員が中心になり、以下のような規律指導を行ってきた。

・授業規律が乱れ私語や立ち歩きなどが見られるような状態のときは、フロアを巡回して、授業への集中を促す指導を行う。

・遅刻や欠席を少なくするために、一定期間ごとに遅刻・欠席の数を集計し、定められた回数を超えた生徒に対して、訓戒や早朝登校などの指導を行う。

・服装や頭髪に関する校則を踏まえて、異装や染髪などを点検し、違反している生徒に対する指導を行う。

・学年集会や全校集会の際には、整列指導や学校生活上の注意を行う。

・喫煙や暴力行為（けんか）などの場合、事情聴取・事実確認、停学などの懲戒案の作成、停学中の指導方針と指導体制などの検討を行う。

これらの指導について、否定的な感情が湧き起こった人と、肯定的な感情が湧き起こった人がいるのではないだろうか。しかし、どちらの感じ方にも一定の意味があり、片方だけに凝り固まってしまうと生徒指導の本質を見失うことになる。

筆者が学部で担当している授業『生徒指導論』で、「生徒指導という言葉から連想することを書き出してください」という設問を提示したことがある。学生たちはワークシートに、表1のような言葉を記入していた。ここから、児童生徒は一般的に、「生徒指導の先生」と言えば、「狭義の生徒指導（規律指導）」を担当する先生と考えていることがわかる。ただし、これらの言葉を挙げている学生が、必ずしも生徒指導担当教師を否定的に見ているわけではないことにも留意したい。

表1　「生徒指導」から学生が連想した言葉

【指導行為】 　叱る、注意する、説教する、没収する、反省させる 【指導対象】 　校則違反、問題行動、いじめ、遅刻、欠席、携帯電話、風紀、生活、 　身だしなみ、規律、礼儀 【指導内容】 　別室呼び出し、服装・頭髪チェック、持ち物検査、集会での指導、連帯責任、 　体罰、謹慎、停学、登校時の挨拶指導、安全のため指導（不審者・交通安全） 【生徒指導担当教師の印象】 　厳しい、細かい、きつい、怖い、がたいがいい、鬼のよう

ところが、生徒指導主事等を対象とした研修では、広義の生徒指導論や教育相談論だけが展開されることが多く、結果として規律指導のテーマには触れられず、受講者が学校現場で引き受けている現実的な役割や課題意識とズレが生じ、不満や反発が生じることがしばしばある。また、初めて学校現場に立った若い教員は、「児童生徒を叱ることの難しさ」に直面し苦悩している者が少なくない。

　にもかかわらず、生徒指導に関する研究においては、「規律指導だけが生徒指導ではない」という理由で、規律指導についてほとんど言及しない生徒指導論が少なくないように思われる。しかし学校現場において、規律指導は、「全てではない」けれども重要な「部分である」ことには違いない。したがって、「優しく援助する」「ほめる」「受け容れる」だけではなく、「厳しく指導する」「叱る」「対決する」ことの難しさと大切さに関する論考を含めた生徒指導論の構築が生徒指導研究における大きな課題だと筆者は考えている。

3　生徒指導における対立

（1）規律指導と教育相談

　山下（1993）は、広義の生徒指導における二つの立場を**表2**のように示している（表の二重線から下の項目は阿形が加筆）。左側は主に規律指導に関係する立場で、右側は主に教育相談に関係する立場である。左側は主

表2　生徒指導における二つの立場

生徒指導（生活指導）	⇔	教育相談
補導	⇔	カウンセリング
反社会的行動	⇔	非社会的行動
タカ派	⇔	ハト派
集団指導	⇔	個別指導
学校管理型生徒指導	⇔	生徒理解型生徒指導
P機能（Performance）	⇔	M機能（Maintenance）
父性原理	⇔	母性原理
教（教える）	⇔	育（育てる育つ）
動物調教イメージ	⇔	植物育成イメージ
自立	⇔	依存
壁になる	⇔	器になる
生き方（doing）	⇔	在り方（being）
アクティビティ（activity）	⇔	パッシビティ（passivity）
意識	⇔	無意識

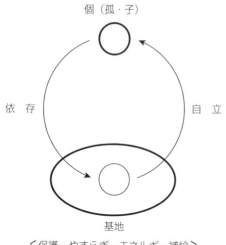

図2　依存と自立のサイクル

個（孤・子）

依存　　自立

基地

保護・やすらぎ・エネルギー補給
→基本的安心感・信頼感

に「厳しさ」に関係する立場で、右側は主に「優しさ」に関係する立場だとも言えるだろう。

筆者が補足した項目の動物調教イメージからは「鍛える」「導く」、植物育成イメージからは「見守る」「待つ」などの言葉が連想される。「教える」と「育てる」、あるいは「ティーチング」と「コーチング」という対比で語ることもできるだろう。

自立と依存については、山下（1999）の「依存と自立のサイクル」を念頭に置いている。図2のように、自立と依存は、一般的には反対語のように捉えられるが、人は、エネルギーを補給する安心基地があるからこそ一人で頑張ることができる、つまり、「依存できるから自立できる」というのが「依存と自立のサイクル」という考え方である。そして、主に児童生徒の自立に関与するのが規律指導、依存に関与するのが教育相談と考えることもできるだろう。

ちなみに、筆者は、小学校で児童を対象に講演するときには、依存と自立のサイクルを、「『だれかとあんしん』と『ひとりでがんばる』の繰り返し」と表現している。

依存を受けとめる生徒指導のはたらきという点では、教師が児童生徒にとっての「器になる」という表現ができるかもしれない。それに対し、自立を促す生徒指導のはたらきという点では、教師が児童生徒にとっての「壁になる」という表現ができるかもしれない。

中学校教諭の黒田（2014）は、学級での生活や学習が難しい生徒の安心基地として、別室を活用した「E-time」の開設に取り組んだ。「E」には、「良い（いい）」という意味に加えて、Empowerment（力づけ）、Encourage（勇気づけ）、Emergency（緊急）、Encounter（出会い）の意味

を込めている。そして、別室を「ガソリンスタンド的存在」としてイメージし、「E-time」を運用した。黒田は、「『ガソリンスタンド』は、燃料もあり、車のメンテナンスの必要のない時には立ち寄る必要がない場所であるが、燃料が減った時、簡単なメンテナンスが必要な時には欠くことのできない場所である。このような『燃料の補給、簡単なメンテナンス』→『エンジンの再駆動』→『安心・安全に目的地へ』というイメージを生徒の学校適応支援にも応用して考えた。」と述べている。

（2）doing と being

　学習指導要領等に「在り方生き方」に関する教育という言葉が使われているが、「在り方」とは being、「生き方」とは doing と言い換えることができるだろう。

　教師は規律指導を行う際に、「社会で生活し働いていくうえではルールを守り規則正しい生活を送ることが必要だ」と諭すことがある。この言葉に象徴されるように、規律指導は「社会でどう暮らすか」「社会で何を為すか」という doing と関係している。

　これに対し、教育相談は doing（何を為すか）よりも being（いかに在るか）とより深く関係している。山中（1996）は、不登校の子どもに対して、「何かするように仕向けること、すなわち『doing』を要求するのは間違っているのではないか。彼らは、自分が存在するということ、すなわち、『being』そのものが希薄になって、『doing』にエネルギーを収斂させていくことすらできなくなってきている。したがって、彼らに必要なのは、自分の存在そのものが意味あることなのだということを体験することなのである。そのための時間を彼らと共有して、我々が彼らの存在そのものを大切にしているのだという姿勢を示していくこと、我々にできることはそれだけではないか……。」と述べている。

　また、鷲田（2010）は、「一見無駄とか、夢想だとか、非合理だとか見えるものは、この世界にうまく位置づけようがない」ので、大人たちは顧みようとしないが、世の中から引退したお年寄りと、世の中に参加する前の子どもは、大人たちのロジック・観念・秩序に囚われない存在であると述べている。そして、核家族化の進展に伴って、祖父母（お年寄り）と孫（子

ども）の対話の場が失われ、老性と幼性の接点が失われたことによって、世界の厚さが失われたのではないかと指摘している。

　要は、たとえば算数のテストの出来が悪くて教師や親に叱られて気持ちが沈んでいても、『ちびまる子ちゃん』に出てくる友蔵じいさんのように、「算数くらいできなくても大丈夫じゃよ」と言ってくれるような存在が核家族ではいなくなったということである。

　さらに、きたやま（2016）は、「人には、心がほっとして、安心できるような『楽屋』が必要です。表の役割を演じている自分が、裏の本来の自分に戻り泣きわめく場所です。ところが、現代人には『楽屋』がなくなりつつあります。」と述べている。そして、楽屋の喪失によって、「所在なく、忙しくて、心を落ち着かせるような時間的・空間的なゆとりがもてない。」「表ばかりになってしまい、安心して自分を置いておける『裏』という場がなくなっている。」と指摘している。

　ちなみに、教育学の世界も、「発展・成長・進歩」に偏った競争原理・成果主義・マネジメント論の影響で、厚さが失われつつあることを筆者は危惧している。筆者は、「小中高と、決して学校が『つらい場』『いやな場』であったわけではありませんでしたが、それでも、夏休みを迎える際のあれほどの開放感は、その後、還暦の今に至るまで、ついぞなかったように思います。」と述べ、夏休みの積極的意味を考察している。そして、実は私たち大人もそうであるように、「生き抜く力」は「息抜く力」に裏打ちされてこそしなやかさを増すものであると指摘したことがある（阿形、2016a）。「大人のロジックに囚われない場」「楽屋」「息抜く力」、これらは、教育相談の意義と深くつながっている。

（3）両方大事

　教師の姿勢という点では、**表2**にあるようにアクティビティ（能動性・口をはさむ）とパッシビティ（受動性・耳を傾ける）という対比で考えることができる。生徒指導においては、教師が自分自身はどちらに偏る傾向があるかを自覚し、「両方大事」の姿勢に立つことが重要である。精神分析の創始者であるフロイトについて、河合（1989）は、フロイトは実は過度なアクティビティをもつおしゃべりな人で、そのため失敗を重ねる中で

パッシビティを重視した技法論に至ったのだと述べている。そして、アクティビティの乏しい人がパッシビティを金科玉条にすると、さらにアクティビティがなくなってしまう危険性があると指摘している。「言い過ぎる」教師は傾聴・受容の意味を考える必要があるが、「言えない」教師が傾聴・受容を旨とすると、自身の課題の克服にはつながらないだろう。

　表2の「意識⇔無意識」については、規律指導が主に意識レベルにおけるかかわりであるのに対して、教育相談が無意識レベルも含めたかかわりであることを示している。これは、論理と感情、建前と本音という対比で考えることもできるだろう。

　森谷（2000）は、「人の心の無意識を仮説することなく、いったい生徒指導ができるであろうか」と問いかけ、「教師は『心』というとき、『意識』を想定し、一方、生徒は『無意識』のことを訴えている」ことが多いと指摘している。

　生徒指導とは School Guidance and Counseling である。Guidance と Counseling の両方が相まってこそ、その教育的効果が生まれるものである。植物を育成する際に、早く育てようと「鍛える」発想で芽を引っ張ると根元から切れてしまう。一方、動物を調教する際には、「見守る」ばかりでは何も生まれない。不登校児童生徒への対応を例にとると、動物調教イメージから「甘やかしてはいけない」と考え厳しく迫る指導を行ったところで状況は改善されない場合も少なくないだろう。かといって、植物育成イメージから「登校刺激は禁物だ」と教師が関与しない（放置する）在り方も状況の改善には結びつかないだろう。

　文部科学省（2003）は、パンフレット『不登校への対応について』の登校刺激に関する Q&A で、「どのような不登校であっても全て、登校を促す、あるいは促さない等の画一的な対応はよくありません。」と示し、「直接的に登校を促せない状況にある場合であっても、あきらめずに児童生徒とかかわりをもとうとする姿勢をもつことが大切です」と指摘している。詳しくは後述するが、「見守る」ことは大きなエネルギーを必要とする行為である。「あきらめずにかかわりをもとうとする姿勢」を欠いた「見守り」は、かたちを変えた「児童生徒の自己責任論」に他ならない。

（4）規律指導と教育相談の対立

　生徒指導を考える際には、Guidance と Counseling について「両方大事」という観点に立つことが重要である。しかしながら、学校現場においては、表3のように、Guidance と Counseling の対立が生じることがある（阿形、2015b）。

　このような対立状況にある学校は、授業秩序の乱れや問題行動の頻発などの状況に苦悩していることが少なくない。児童生徒が荒れている学校では、教師のストレスが同僚にも向いてしまい、表3のような対立が生じやすくなるのかもしれない。また、落ち着いた学校でも、このような対立が生じると、教師集団の足並みの乱れが児童生徒に影響し、学校が荒れていくとも考えられるだろう。いずれにしても、教員が協働して児童生徒と向き合い学校状況の改善を図るためには、批判ではなく、お互いの役割へのリスペクトが大切である。筆者は学生たちに、鳴門教育大学で生徒指導を学んだ限りは、現場に行って表3の左側や右側の意見に出くわしても、どちらかに与（くみ）するのではなく、「両方大事」の姿勢で橋渡しができるような役割を果たして欲しいと話している。

表3　規律指導と教育相談の対立

規律指導担当者の不満	教育相談担当者の不満
＊規律指導が徹底しないから学校が良くならない。	＊生徒理解が徹底しないから学校が良くならない。
＊「甘い」「けじめのない」教員がいる。	＊「固い」「生徒の心がわからない」教員がいる。
＊「毅然とした指導」の大切さを理解していない。	＊「カウンセリングマインド」の大切を理解していない。
＊「叱り役」の大変さをわかっていない。	＊「聞き役」の大変さをわかっていない。
＊規律指導で抑えているから成り立っているのに……。	＊相談室で対応しているから成り立っているのに……。
＊やっかいな指導は規律指導担当者に任せっぱなし。	＊やっかいな指導は教育相談担当者に任せっぱなし。

教育における力愛不二

1　力愛不二

（1）教育における力愛不二

　15 ページの**表 2** の「P 機能⇔M 機能」という項目は、社会心理学者の三隅二不二によるリーダーシップに関する PM 理論に基づく概念である。P は Performance の頭文字で、M は Maintenance の頭文字である。三隅（1966）は、P 機能とは生産性や成果をあげるために指示や叱咤等を行う目標達成機能、M は成員相互の友好的な関係を増大させるために激励や支持を行う集団維持機能であると定義している。そして、P 機能と M 機能の両方とも大きいのが理想的なリーダーシップであることを実証したのが PM 理論である。

　ところで、三隅の名前「二不二」にある「不二」とは、仏教用語で、二つのように見えて実は二つにあらず（一つである）という意味である。「二不二」と命名された三隅が、後に「P と M が不二である」という理論を打ち立てたわけである。

　少林寺拳法の根本思想の一つに「力愛不二」という考え方がある。これは、「愛のない力は暴力であり、力のない愛は無力である。」という意味である。これを生徒指導に置き換えると、「教育相談の心のない規律指導は暴力であり、規律指導の心のない教育相談は無力である。」ということになるだろう。

　ちなみに、似たような言い回しに、二宮尊徳が語ったとされている「道徳なき経済は罪悪であり、経済なき道徳は寝言である」という言葉がある。いずれも、現代社会におけるさまざまな領域での、「ワンフレーズ」「シン

グルイシュー」的な単純な論の立て方に対する警句として、深い意味を
もっているように思われる。

　角田（2009）は、「カウンセリングマインドやゼロトレランス、『管理教
育』と『放任教育』は、コインの表裏といえ、どちらも一面に偏った姿勢
といえます。（略）教育の考え方には、振り子の揺れのように父性的な関わ
りと母性的な関わりの間を行き来しているところがあります。片方が極端
になると、そのマイナス面がクローズアップされ、対極が理想化されるよ
うなことが起こりがちです。こうした点に注意して、『全体を見る』ことが
実際の子どもの教育には欠かせません。」と述べている。

　「バランス感覚」と表現すると均衡を保つという静的なイメージになっ
てしまうが、角田が「振り子」と表現しているように、あるいは、やじろ
べえは揺れ動くからこそ妙があり、一方に傾くと逆方向へ戻す力が働くよ
うに、「揺れの中で考える」という動的なイメージが「力愛不二」の本質で
はないだろうか。

（2）かかわりと関係性

　ところで、生徒指導における力愛不二について、「二つにあらず（一つで
ある）」というのであれば、その一つとは何なのだろうか。筆者は、一言で
いえば「かかわり」「関係性」だと考えている。「規律指導と教育相談」「厳
しさと優しさ」などの二つの問題ではなく、本質は「かかわりが深まるか
どうか」「関係性が深まるかどうか」という一つの問題だということである。

　筆者が教師となって最初に勤務した高校で、「かかわり」「関係性」の意
味を考えさせられた出来事があった。当時の勤務校の修学旅行はスキー研
修旅行だった。研修旅行最終日の朝、ある生徒が、自分の携帯型カセット
プレーヤーがなくなったと担任に申し出た。生徒たちが最後のスキー実習
に出かけた後、私たち教員は緊急に集まり会議をもったが、以下のような
さまざまな意見が出て、どう対応するかは簡単にはまとまらなかった。

- ・カセットプレーヤーは持ってきてはいけないものの一つだけれども、
　高価なものでもあるし、何らかの対応は必要ではないか。
- ・状況からすると生徒の盗難の可能性が高いから、生徒の荷物を点検
　してはどうか。

・紛失の可能性もないわけではないし、荷物検査は生徒との信頼関係を損なう行為ではないか。

「実物の発見」「真実の究明」「生徒との信頼関係」などの観点での議論は熱を帯び、2時間近く経った。そして、最終的には、次の①～④の方針で合意し、生徒たちがゲレンデから帰るのを待った。

① 生徒がスキー実習から帰ってきて着替えたら、荷物を持ってロビー等に集合させる。
② 担任は各クラスの集合場所に位置どる。
③ 館内放送で、学年主任から、携帯型カセットプレーヤーをなくした生徒がいること、他の人の荷物に紛れて入っている可能性もあるので、自分で自分の荷物を調べてほしいことを伝える。
④ 担任は、各自が自分の荷物を点検する場に立ち会い、チャックを開いたバッグの中をざっと目視する（教師がバッグの中に手を入れて細かくチェックしたり、バッグの中のものを全部出させたりはしない）。

リアルな教育の現場での指導に、正解はこれだという「一般解」などない。教師は、自分自身の判断と覚悟に裏打ちされた、その場に即した「特殊解」を選び取り、児童生徒と関わっていくものだ。

このときの指導についても、「そんな甘い点検で見つかるわけがない。」「荷物を検査させるのは生徒を信頼していない指導だ。」など、さまざまな意見があるだろうとは思う。

けれども、少なくとも、あのときの私たちは、生徒との「かかわり」「関係性」の観点で議論を尽くした上で、この線でみんなで結束して、しっかりと生徒と向き合おうと気持ちを一つにしていた。筆者自身も、「生徒とのかかわりに労を惜しまない」という当時の勤務校の教員文化を誇りに思っていたし、たとえ青臭いと言われようとも、愚直に生徒とのかかわりについて議論した上での結論だったので、生徒たちのどのような反応にも対応する決意をもって指導に臨んだ。

そしていよいよ放送が始まった。ロビーで館内放送を聞いていた大学生のアルバイトのスキー実習インストラクターが、「荷物検査だってさ」「見

つかりっこないよね」などとヘラヘラ笑っている姿が目に映った。「お前ら若造に何がわかる！」と激しい怒りが込み上げたことを鮮明に覚えている（若造といっても当時の筆者自身もまだ 20 代後半だったが……）。

　不服そうな表情の生徒ももちろん見られたが、私たちの姿勢を感じ取った生徒もいたからか、幸い大きな混乱はなかった。結局、カセットプレーヤーは見つからなかったが、筆者にとって、簡単に「力」にも「愛」にも振れないかかわりの在り方を考えさせられた、今でも忘れられない「力愛不二」の指導場面だった。

（3）受苦的なかかわり

　今振り返ると、このときの私たち教員集団は、自分たちにとって「しんどい」ほうの指導を選び取ったことに意味があったように思える。「生徒を信じる」「生徒を傷つけない」ことはもちろん大切なことである。けれども、一方でこのような言葉は、私たちをかかわりから遠ざけたり、私たちをすくませたりする落とし穴を併せもっている。何の指導も行わなければ教員は「しんどい」思いをせずに済むが、当時の筆者の勤務校では、「楽なほうを選ぶ」という在り方はとらないという自負を多くの教員がもっていたからこそ、あの指導を決断したのだと思う。

　アンパンマンは弱っている人を助けるときに自分の顔の一部を与えることがある。いじめに苦しんでいる子どもたちや他者との関係に悩んでいる子どもたちを、教師が自分は何も苦悩することなしに助けようというのはムシが良すぎる（阿形、2018）。

　'No pain, No gain' という英語のことわざがある。一般的には「苦労なくして、得られるものはない」と訳されるが、教師と生徒のかかわりという点で考えると、「労を惜しみ、自分に何らかの負荷がかかる（自分も傷つく）ことを避けていては、生徒との関係性など成立しない」という意味、つまり「受苦的なかかわり」の大切さを示す言葉として解釈したいと筆者は考えている。

　そして、「かかわり」「関係性」という点で私たち教師が指導に迷ったときには、「エネルギーをより多く必要とする指導方法を選ぶ」ということが一つのヒントになるのではないかと思う。

（4）優しくて厳しい大人

　「かかわりが深まるかどうか」「関係性が深まるかどうか」という観点から考えると、厳しい対応であれ優しい対応であれ、結果としてかかわりや関係性が深まることにつながるのであれば、どちらも適切だと言えるだろうし、逆にそこから遠ざかるのであれば、どちらも適切な対応とは言えないということになる。マザーテレサの「愛の反対は憎しみではなく無関心」という言葉に倣って言えば、「厳しさ（優しさ）の反対は優しさ（厳しさ）ではなくかかわらないこと」である。

　作家の三浦綾子（1996）は、エッセーで、次のようなエピソードを紹介している。遊びにきた近所の小学生少女たちに「きびしい先生と、優しい先生と、どっちが好き？」と尋ねると「優しい先生」という答えが返ってきた。そこで、「ではね、あなたたちがまちがった時、きびしく注意してくれる先生と、何も言わない先生と、どっちが好き？」と尋ねると、子どもたちは「きびしく注意してくれる先生」と答えたという。このことを踏まえ、三浦は、「優しさを望む気持と、きびしさを望む気持とは、心の底で一つなのだ。自分を正しく導いてくれる先生が少女たちは好きなのだ。」と述べている。

　さらに、子どもの側の「不二」の問題を考えるならば、児童生徒は大人（親や教師）に甘えもするし反抗もするものである。しかし、この「二つ」も、「かかわり」という点では「一つ」だと言える。福島（1988）は、「『甘え』も『攻撃』も、ともに、ある人間が他の人間に『働きかける』ことにほかならず、（略）他者に関係をもとめる行動」であり、「人間の成熟という観点から眺めると、甘えや攻撃の彼岸に、愛・信頼・自立性・承認・期待などの概念が連想される。これらのことばが表すものが成熟した対象関係であるとするなら、甘えも攻撃も、ひとしく未熟で暫定的な対象関係の段階といえる。」と述べている。

　このような考え方に立てば、未熟な段階の児童生徒の甘えや反抗に対応するには、教師の優しさも厳しさも両方必要であることが明らかである。念のために付け加えると、「甘えには優しく、反抗には厳しく」ではなく、「甘えにも反抗にも、優しくて厳しい教師としてかかわる」ことが力愛不二

の生徒指導である。

　だから、「児童生徒を甘やかしてはダメだ」「カウンセリングマインドが何よりも大切だ」の一方だけがドグマ（教条）化した規律指導や教育相談は、生徒指導の深化にはつながらない。作家の五木寛之（1997a）の、「よく政治家などが『不動心』などということを口にしますけど、あれじゃだめなんですね。（略）モノやヒトのことを考えるときには、『揺れ動いている真実』を見逃さないようにしなくてはなりません。生きた現実というものは、決して明確に割り切れるものではないからです。真実は A であると同時に非 A でもあります。つまり反対のものがせめぎあいながら同居している。それが真実というものです。」という言葉は、力愛不二の生徒指導を考える上でもヒントになるだろう。

　また、数学者であり評論家でもある森（1977）の言う「生徒を追っかけては彼の自由を束縛する罪の意識に悩み、追っかけるのを断念してはキリステではないかと良心に痛みを感じる」というジレンマを感じている状態が、力と愛の間でチェック機能の働いている健全な姿ではないだろうか。筆者は 30 代後半まで、「束縛」と「キリステ」、「厳しさ」と「優しさ」の間で葛藤してきたが、森の言葉から、揺れながら考え続けることに意味があるということに気づかされた。

2　愛のない力

（1）うさん臭さの自覚

　筆者は、「教師という職業は“うさん臭さ”と背中合わせの職業である」と思っている。その気持ちを忘れないことが大切だとまで思っている。ちなみに、教師だけでなくカウンセラー・宗教家・政治家等、「人の役に立つ」専門職は全て、その影の部分が目につくと「うさん臭い」と感じる人が世間には少なくないのではないだろうか。

　近代社会における学校という制度は、強制と管理によって子どもを体制に従順な存在として組み込もうとする「原罪」を根源的に背負わざるをえないシステムである。ミシェル・フーコー Michel Foucault は、「19 世

紀のなんらかの施設の規則をあなたにご紹介したら、それがどこの規則だかお分かりになるでしょうか。1840年のある刑務所の規則か、それとも同時代の中学、工場、孤児院、あるいは精神病院のものでしょうか。言い当てるのはむずかしいですよ。つまり機能の仕方は同じということです（建築も部分的には同じです）。何が同一なのでしょうか。これらの施設に固有の権力構造が本当のところまったく同一なのだと私は思います。」と指摘している（Foucault, M., 1973）。

　といっても、筆者は、30年間の高校教師としての経験に自負をもっており、決して教職を否定的に捉えているわけではない。そうではなくて、「うさん臭さ」の自覚を失わないことだけが「うさん臭さ」から免れる唯一の道だと考えているのである。教育の「原罪」を引き受けつつ、学校現場の内側から何とかそこを乗り越えていこうと苦悩し葛藤しながら教職を務めてきたことが、筆者自身の教師生活の自負の基盤だと感じているわけである。

　しかしながら、近年の学生たちは学校教育の「原罪」という視点を欠いているのではないかと感じることがある。たとえば、教員採用試験の面接練習のときに、ある学生が「管理」という言葉を頻繁に使った。「適切な管理が大切」という文脈においてである。模擬面接終了後に、筆者は「ちなみにきみは"管理"という言葉を良い意味で使っているの？」と質問したら、どうしてそんな当たり前のことを聞くのだろうという表情で「そうです」と答えた。「管理教育」という言葉はもはや死語に近いのかもしれない。

　けれども、中には、教育のうさん臭さから目をそらさないことを大事にしている学生もいた。静岡県出身のある学生は、両親に「大学合格のお祝いに何が欲しい？」と聞かれ、石田徹也の作品集を買ってもらったそうだ。石田は、2005年に31歳で亡くなった静岡の画家である。公式ホームページに、「飛べなくなった人－石田徹也の世界」とあるように、石田は、「飛ぶこと」すなわち「生きること」が難しい現代社会における人間疎外を直視した作品を描き続けた。

　ある作品には、無表情な店員がカウンターに座った客の口にガソリンスタンドの給油装置のような機械をあてている様子が描かれている。タイト

ルは「燃料補給のような食事」である。マニュアル化された外食産業を石田はこの絵のように感じ取っていたのかもしれない。

　石田の作品には学校を描いたものもある。ある作品には、授業中の男子生徒の様子が描かれている。その中の数人は、体や顔が顕微鏡のように変質している。机間巡視する教師は一人の男子生徒の頭を（脇見しないように）押さえつけている。タイトルは「めばえ」である。学校教育は、異性をはじめいろいろなことへの関心がめばえる生徒たちに対する抑圧システムとしての側面をもつことを石田は表現しているのだろう。さらに、別の作品では、運動場で等間隔に並んで整然と体操をしている子どもたちと、その向こうの校舎が描かれている。その校舎には巨大な子どもの体が埋め込まれて、かろうじて頭と手だけが壁や窓から出ている。タイトルは「囚人」である。学校とは、監獄と同じように、監視や処罰によって、規則に従うという「規範」を子どもたちの内面に生じさせる制度であるというフーコーの考え方が想起される。

　大切なのは、教職のうさん臭さを自覚し、「児童生徒が囚人にならない」ために、「学校が監獄にならない」ために、「教師が抑圧者にならない」ために必要十分な条件とは何かを考え続けることだろう。

　その際にキーワードとなるのは、「愛」と「信頼」だと筆者は考えている。文部科学省（2010）は、『生徒指導提要』で、「生徒指導においては愛と信頼に基づく教育的関係が成立していなければその成果を上げることはできません」と示している。教育行政の文言で「愛」というような表現がされることは珍しいが、筆者は、情緒的なこの言葉があえて使われていることに意味があると考えている。言うまでもなく、「愛」とは児童生徒に対する「愛」である。「信頼」とは教師と児童生徒との「信頼」関係である。それらを欠いた「厳しさ」「優しさ」では、生徒指導の成果を上げることができないと筆者も考えている。

（2）赤鬼で叱る

　森本梢子の漫画を原作として 2002 年に放映が始まったテレビドラマ『ごくせん』で、仲間由紀恵が演じる教師のヤンクミは、不平や愚痴を言いつのる生徒たちをこう叱った。「先公を恨んで、学校を恨んで、世の中を恨

んで……、それでお前らは、幸せになれるのかよ……。」教師に逆らうこと、学校の指導に従わないことを叱っているのではない。「お前らの幸せ」を考える「愛」に基づいて叱っているのである。もちろんヤンクミはフィクションの世界の教師であり、極道の跡取り娘で、闘う相手を叩きのめすという設定は現実的ではない。けれども、そんなことを承知の上で若者たちが支持したのは、ヤンクミのような叱り方をしてくれる教師を求めていたからだと思う（阿形、2016b）。

　ただし、ヤンクミ自身は「自分は生徒を愛している」などと思いあがっているわけではない。重要なのは、「生徒を愛している」と教師が思うことではなく、生徒が教師の言動に「愛」を見出しているかどうかということである。河村（2000）は、教師が、「愛しているからそうしている」「あなたのためにやっている」というかたちをとりながら、実は相手を自分の思いどおりにしていることがあると指摘している。児童生徒に対する「愛」には、そのような落とし穴もあることを忘れてはいけないだろう。

　ところで、第1章で述べたように、生徒指導担当教師について、学生たちは「厳しい、怖い、鬼のよう」という印象をもっている。ただし、興味深いのは、そんな生徒指導担当教師を否定的に見ていない学生も少なからずいたことだ。「鬼のような教師」であっても、児童生徒に敬遠される「鬼」もいる一方で、慕われる「鬼」もいるということである。その違いは何なのだろうか。

　筆者が大学院で学んでいたときに、院生仲間と「赤鬼と青鬼」というテーマで話し合ったことがあった。院生室で絵本『泣いた赤鬼』について話していて、そこから派生して、「青鬼で叱る」ことと「赤鬼で叱る」ことという話題になったのである。要は、「青鬼で叱る」は我を忘れて（激昂して、キレて、自分のために）真っ青になって叱ること、「赤鬼で叱る」は児童生徒への熱い思いが溢れ出て（熱意で、熱心に、相手のために）真っ赤になって叱ることであり、児童生徒に影響を与える教師の叱り方は「青鬼ではなく赤鬼で叱ること」ではないだろうかという話だった。青鬼は「愛のない力」、赤鬼はヤンクミのような関わり方ということが言えるかもしれない。

ただし、先に児童生徒への「愛」の落とし穴について述べたように、「熱意」にも落とし穴があることに留意する必要がある。小野（1995）は、「熱心であればよいという熱意免罪論のようなことがありますが、熱意の方向を誤ると大きな傷を子どもや親に与えるということを忘れないでもらいたい。」と述べている。

　いわゆる「武闘派」の教員が口にする「甘やかしたら児童生徒はつけあがる」「甘やかしたら児童生徒は世間で通用しなくなる」などの言説に筆者が共感を覚えないのは、児童生徒を「やっかいな奴ら」「手のかかる連中」と感じていることを棚に上げて、「愛のない力」を正当化する意図が透けて見えることがしばしばあるからだ。

　さらに、「愛のない力」は、教師の指導に従わない児童生徒に届かないだけではなく、他の児童生徒との信頼関係も損なうものである。大学生たちに、小中高の時代にクラスが荒れたことがあったかを尋ねたところ、一人の女子学生が、「中2のときにクラスに『やんちゃな子』がいました」と答えた。担任は、基本的にはその子を排除するような対応だったという。そして、「先生がやんちゃな子に冷たくあたる風景は、見ていてイヤでした。」と話した。そこで、筆者が、自分が教師になったら、そんな場合にどう対応するかと質問すると、その学生は、「私は、やんちゃな子を大切にするクラスをつくりたいです。」と答えた。

　「やんちゃな子」への対応こそ、教師の「愛」と「力」が最も試される場面であり、全ての児童生徒はその在り様を見て「信頼」できる教師であるかどうかを見極めると言えるのではないだろうか。

（3）なぜ体罰はいけないのか

　「愛のない力」は体罰につながることもあるだろう。日本の教育制度においては、学校教育法第11条に、「校長及び教員は、教育上必要があると認めるときは、文部科学大臣の定めるところにより、児童、生徒及び学生に懲戒を加えることができる。ただし、体罰を加えることはできない。」と定められているように、体罰は禁止されている。

　ちなみに、「昔の先生は、愛の鞭も辞せず、毅然として厳しく指導した」というような懐古的な意見を耳にすることがある。しかし、筆者は、昔の

教師が「厳格」でありえたのは、学校の先生が現代よりもはるかに社会的に一目置かれていた（強い立場にあった）時代であったからであり、決して昔の教師がみんな良質な厳しさをもつパーソナリティであったわけではないと考えている。それは、昔の父親が「厳格」でありえたのが、家父長制に基づく旧民法のもとでの価値観があったからであり、決して昔の父親がみんな良質な厳しさをもつパーソナリティであったわけではないのと同じことだろう。

　また、「凡ソ学校ニ於テハ、生徒ニ体罰（殴チ或ハ縛スルノ類）ヲ加フヘカラス（1879年、教育令第46条）」「小学校校長及び教員ハ教育上必要ト認メタルトキハ児童ニ懲戒ヲ加フルコトヲ得但シ体罰ヲ加フルコトヲ得ス（1900年、第三次小学校令第47条）」（ルビ筆者）とあるように、戦前においても法的には体罰は禁止されていたことも見逃してはいけないだろう。

　文部科学省が2013年に出した「体罰の禁止及び児童生徒理解に基づく指導の徹底について（通知）」には、体罰により正常な倫理観を養うことはできないと示されている。しかし、Yahoo!ニュース意識調査（2017年10月17日～27日）の結果では、体罰肯定の意見が多かった。調査の質問は、「文科省は『いかなる場合も体罰を行ってはならない』との通知を出していますが、今なお『体罰は必要だ』と考える指導者や、それを容認する保護者たちはいます。あなたは教師、指導者の体罰はいかなる場合も認められないと思いますか？」だった。これに対する約20万の回答のうち、「体罰はいかなる場合も認められない」は22.2％であるのに対し、「体罰が認められる場合がある」は77.8％となっていた。「いかなる場合も」という言葉が回答に影響を与えた可能性もあるだろう。また、体罰は禁止されているけれども教育的指導としての懲戒行為まで禁止されているわけではないことが理解されていないのかもしれない。しかし、それにしてもこの数字には驚かされた。

　このような「場合によっては体罰もやむを得ない」という考え方は、一部の教員の中にも根強く残っている。また、ある同僚は、「体罰には教育的効果は望めない」と断じる教育行政の文言に異議を唱えていた。ちなみに彼自身は決して体罰を行う教師ではなく、体罰容認論者でもなかった。彼

が主張しているのは、体罰禁止という原則の大切さは認識した上で、教師と生徒の難しくて複雑な関係性を踏まえずに建前的に体罰を断罪することに対する不快さだった。

　筆者自身も、決して体罰を肯定するわけではないが、状況によっては体罰にも一定の教育的効果はあっただろうと考えている。なぜなら、欧米諸国の中には体罰を制度的に認めている国もあったからである。たとえば、アメリカでは、教育は州の専権事項なので体罰（corporalpunishment）を禁じる州と許容する州が混在した。1980 年代後半から 90 年代前半に体罰を廃止する州が増えてきたが、現在でもテキサス州やミシシッピー州等、南部の州では体罰が認められている（片山、2014）。また、イギリスでも、イギリスの体罰に関する法制度をヨーロッパ人権条約違反とした 1982 年のヨーロッパ人権裁判所の判決を受け、1986 年教育法（第二）で体罰は法的に禁止されたが、それまでは学校教育において伝統的に "むち" が使用されてきた（植田、2013）。

　ただし、上原（1993）が指摘しているように、体罰が容認されていた場合も、ケーン（細長い鞭）やパドル（体罰板）で打つという罰について、何回打つかということは、事前に慎重に議論を尽くした上で決められている。さらに、体罰を行う際には、**表 4** のように、過度の体罰や場当たり的で恣意的

表 4　体罰を行う際の条件

・人前では行わない
・罰室と呼ばれる特別の部屋で行う
・第三者の立ち合いを求める
・体罰簿に記録する
・女生徒に対する体罰は特に差し控える
・女生徒に対する体罰は女性教師が行う
・幼少の者の体罰を禁止する

な体罰を防ぐための厳しい条件が課せられている。制度的に体罰が認められていない日本の学校においてなされる体罰は、**表 4** の条件をほとんど満たしていないことは明白である。日本における体罰は常に、一教員の判断に委ねられ、歯止めのない状況で行われるので、過度で場当たり的で恣意的なものになる危険性が高い。したがって、体罰禁止国である日本で発生する体罰は、コントロールされた制度としての体罰ではない。だからこそ、体罰は決して認められないのである（阿形、2018）。

　理想を実現するための必要悪として体罰はやむをえないという意見を耳にすることもある。しかし、必要悪というような考え方では、目指している理想に至ることはないのではないだろうか。明治・大正期の社会運動家の大杉栄（1914）は、「運動の理想は、そのいわゆる最後の目的の中に自らを見出すものではない。理想は常にその運動を伴い、その運動とともに進んで行く。理想が運動の前方にあるのではない。運動そのものの中にあるのだ。運動そのものの中にその型を刻んで行くのだ。」と語っている。私たち教師も、人と人が互いに認め合って暴力や差別を排し共に生きていく社会を理想として児童生徒を指導するのであれば、日々の教育の中にその理想の型を刻んでいくことが求められるのである。

　大阪府教育委員会が 2007 年に出した『体罰防止マニュアル 改訂版』のタイトルは、「この痛み、一生忘れない」である。体罰は児童生徒を深く傷つけることがある。

　ディスカヴァー 21 編集部（1998）による『先生に言えなかった このひとこと』という本がある。タイトルにあるように、先生に言いたかったけれども言えなかった言葉についての投書を集めた本である。その中には、教師の体罰に傷つけられたことが大人になっても忘れられないというものもある。

　「先生、数字の 5 の書き順が違っただけで、『バカ』と言って、急に殴らないでください。」これは埼玉県の 22 歳の女性の学生の投書である。小学校 3 年生の算数の授業のときの出来事だそうだ。

　「先生へ。身体の傷は消えても、こころの傷は消えていないよ。」これは静岡県の 29 歳の女性の看護師の投書である。「先生の勘違いで、ビンタのバツを受け、顔が腫れました。口の中も切れました。勘違いを認めないあなたをもっと許せません。いまだに。」と書き添えられている。

　「先生！　あのとき、あの子は、あなたのことをブタみたいと言ったのよ！」これは熊本県の 30 歳の女性の主婦の投書である。「小学校 2 年生のとき、隣のクラスの男の子が、我が担任を『ブタみたい』と言ったので、先生が大好きだったわたしは、思わず石を投げつけてしまった。それを担任が遠くから見ていて、駆けつけ、思いきりぶたれた。でも、石を投げた

理由をいくら聞かれても、どうしても言えなかったよ。」と書き添えられている。いずれも、10 年〜20 年たった今もつらさ、悔しさが癒えないことがよく伝わってくる。

　余談ではあるが、この本には、ネガティブなひとことばかりではなく、先生に対して言えなかった感謝の気持ちなども寄せられている。

　「あのころ、先生とちゃんと向き合えなくて、ひねくれていたわたしを最後まで見捨てないでいてくれて、ありがとう。」これは群馬県の 26 歳の女性の会社員の投書である。

　「先生、いまの自分を見せたいために、この十年間がありました。ご恩返しをしたかったのです。」これは福井県の 29 歳の女性の会社員の投書である。

（4）教職の光と影

　このように、『先生に言えなかった　このひとこと』には、教職という専門職がもつ光と影が見事に表れている。筆者は、この本をヒントに、大学の授業で、「先生に言えなかったひとこと」を書くワークを行ったことがある。やはり、体罰や理不尽な指導に対する文章もたくさん見られた。と同時に、こんな言葉を聞いたらその先生はきっと教師冥利に尽きるだろうと思われるものもあった。

　ある学生は、ワークシートに「生まれてきてよかったです。」と記していた。伝えたい先生は中学校の英語の先生で、その先生は離婚し女手一つで子どもを育てていた。ある日、その先生が、「父親がいなくてもあなたみたいに育ってくれる子どもがいるということが、あなたに会ってからの私の支えでした」と言ってくれたという。ワークシートには、「父親の顔も知らない私でも、誰かをこんなふうに支えることができる。生まれてきてよかったです。今度は、私が先生みたいな先生になって、先生と一緒の学校で働いてみたいです。」と書き添えられていた。

　一方の極には、教職の原罪（権力性）に無自覚なまま「愛のない力」を振りかざす教師像があり、その対極には、児童生徒の成長の過程においてかけがえのない「意味ある他者」として立ち現れる教師像がある。教師が目指すべきは、言うまでもなく後者であるだろう。先に紹介した大阪府教

育委員会の『体罰防止マニュアル　改訂版』の冒頭に掲げられている文章を紹介したい。これは、筆者が教育委員会に勤務していたときの同僚が書いたものである。体罰に対する警句であるだけでなく、教育における「愛」の大切さを訴えるメッセージでもある。

「私たちは、考えなければならない。教師として、まず、何を持たなければならないか。それは、人を愛する心ではなかったか。人を尊ぶ心ではなかったか。生徒の言葉にかっとなったり、腹を立てたりしてはいないか。行いには心が表れ、心は行いによってつくられる。私たち教師の誇りは、人の生きる営みにかかわることができることではなかったか。他人の痛み、悲しみをともに感じ、心に触れることではなかったか。教育における真理は、人が生きていく道として真理であるはずだ。私たち教師は、無限の教育愛を身につけ、理想に燃え、誇りと責任をもって胸を張って教育に徹したい。当たり前の人間として、人の道を堂々と進みたい。」

人を愛する心、人を尊ぶ心の大切さは、教育だけでなく、人の世において普遍的な真理だろう。

3　力のない愛

（1）共感とは何か

「愛のない力」は暴力だが「力のない愛」は無力である。教育における愛は、児童生徒に「寄り添う姿勢」「共感的理解」と考えることもできる。

ただし、角田（1998）が以下の3点を指摘しているように、「共感とは何か」とは決して簡単なテーマではない。

　　　・何でも受け容れれば共感していることになるのか
　　　・情動伝染（同じ気持ちになる）では他者の理解に至らない
　　　・「同情」と「共感」の混同がある

「情動伝染」について、角田は、軍国主義化やカルト集団の中で高揚感や被害感が伝播し自分と他者の境界が失われることによって生じる一体感と捉え、クライエントと一体のままでは共感はできず、クライエントと共に埋没することになると指摘している。

同じような状態について、小泉（1978）は、来談者もカウンセラーも目標をつかめず、ただ、二人で寄り添ってできるだけ一緒にいたい、そして相手の気持ちを理解したいという気持ちだけで、二人で手を取り合ってさまよい歩く「霧の中のカウンセリング」であると表現している。また、土居（1992）は、面接者がただ相手に調子を合わせて共振れしているだけでは、一見、両者の間に意志の疎通が起きたように見えるかもしれないが新しい発展は期待できないと述べている。

　以上のような指摘を念頭に置いて考えるならば、児童生徒に対する教師の「共感」や「愛」とは、単に寄り添うだけでなく、関わる自分自身の内面の動きや、自分と相手との関係性の在り方や、相手の成長につながるかかわりの方向性などについて冷静に認識する「力」があってこそ本物になると言えるだろう。

（2）壁になることの意味

　教育における教師の「力」は、児童生徒と正対し自制させ自立させる方向に働くこともあれば、児童生徒を抑圧し委縮させ隷従させる方向に働くこともある。前者は、教師が児童生徒の成長にとって必要な「壁」となることだと表現することもできるだろう。

　河合（1992a）は、教師が壁になる意味について、「思春期の生徒に対する場合、彼らの心の奥底からつき上がってくる衝動に対して、大人が防壁となって立ちはだかってやる心構えをもつことが必要である。そのような壁にぶつかってこそ、破壊的なエネルギーが建設的なものに変容するのである。これは、子どもたちがもたらす破壊性に対して、社会や既存の体制を守るというよりも先に、子どもたち自身の安全を守る壁、という意味をもっている。」と述べている。

　「壁になる」ということで重要なのは、学校の規則を守らないから立ちはだかるのではなく、社会に迷惑をかけるから立ちはだかるのでもなく、子どもを堕落・退廃・自己崩壊から守るために立ちはだかるという姿勢である。先に紹介したヤンクミの「それでお前らは、幸せになれるのかよ……。」という言葉も、そのような姿勢によるものだと言えるだろう。このような役割の重要性を理解していない教師の「力のない愛」の問題点につ

いて、河合（1992a）は、「開かれた自由な態度とか、生徒を理解する態度とかを浅薄に理解している教師は、甘くなってしまって、生徒の前に壁として立つ強さに欠ける。」と指摘している。

　筆者がある講演会でこの「壁理論」を紹介したときに、我が意を得たりとばかりにうなずく「武闘派」の教員がいた。しかし、河合は「開かれた自由な態度」「生徒を理解する態度」についての「浅薄な理解」が問題だと指摘されたわけで、生徒指導においては開かれた態度も児童生徒理解も重要であると考えている点を忘れてはいけない。

　河合（1970）は、「可能性への信頼とは、待つ才能といっていいかもしれません。あるいは、もっと言ったら、結局、何もしないことだと言っていいと思います。『何かするのはむずかしいけれども、何もしなくていいのなら誰でもできる』と思うのですが、じつは、ものすごい仕事をしているのです。何もせずにいることによって新しいものがでてくる。その恐ろしい世界へあなたと私は、どこまでも入ってゆくし、どこまでも向かってゆこうというすごい決意を持ってます。（略）どなったり、説教したりすると、私の決意がよく分かりますけど、そういうふうな目にみえるようなことではなく、全然何もしないことのなかに自分の決意をもりこむということは非常にむずかしいことといわねばなりません。」と述べ、寄り添うこと、待つことの大切さと難しさを指摘していることも忘れてはいけない。

　また、「壁になる」ということについても、河合（1992a）は、「壁として立つ、ということを誤解すると、生徒を厳しくしめつける方がいいなどと考えることになる。壁はがっちりと立っていて、それに当たってくるものをはね返すが、自ら動いて他をしめつけたりはしない。（略）壁はすでに述べたように、守りとしての役目をもっている。しかし、その一方では、それ以上の前進を妨げるという性格ももっている。（略）子どもたちの守りとして立っている壁は生きていなければならない。それは相手と感情の交流を行い、自分のあり方について考え直してみることのできる壁でなければならない。」と述べている。

　二面性を自覚しない壁、感情の交流のない壁とは、まさに「愛のない力」である。また、「自分のあり方について考え直してみる」ということについ

ては、教師の純粋性や自己一致というテーマと関連するが、これについては第2章で述べる。

「壁になること」「力」「厳しさ」の深い意味を理解していない教師は、立派なお説教を口にしがちである。けれども、河合（1997）は、壁になることが孕む落とし穴と同じ文脈で、立派なお話が孕む落とし穴についても、「あまりにも『立派な』話をしていると、自分が銅像のように立派になってきて、知らぬ間にそのなかに血が通わなくなってしまったりする。いつの間にか自分という人間が『おはなし』の犠牲者になってしまうのだ。」と述べている。

山下（1999）が、「現実を無視した正論や生徒が実行不可能な正論を吐き、常に自分が正しくて安全な立場にいる教師の方が楽である」と指摘しているように、立派なお説教は、多くの場合、児童生徒には響かないものである。筆者が勤務したある高校では、正論だけを言い置いて「あとは君の努力の問題だ」等と言い放つ指導を「言い置き指導」と呼び、そうなることを自戒する文化があった（阿形、2015c）。

（3）校則の教育的意味

近年、「ブラック校則」という言葉が使われるようになり、同名のドラマや映画も作られた。文部科学省は、1998年の都道府県教育委員会等に対する通知で、「校則自体は教育的に意義のあるものであるが、その内容及び運用は、児童生徒の実態、保護者の考え方、地域の実情、時代の進展等を踏まえたものとなるよう積極的に見直しを行うことが必要である。」と、各学校における校則および校則指導が適切なものとなるように求めている。筆者も、「社会通念から遊離していないか」「児童生徒・保護者の理解を得ているか」等の観点から校則を見直すことは重要だと考える。

たとえば制服についても、葛西（2019）が指摘しているように、セクシュアル・マイノリティの児童生徒にとっては、自分の性自認や性表現に適合しない制服の着用は苦痛であり、近年はスカートとズボンを選択制にする学校も見られるようになっている。

ちなみに、ある高校で制服の選択制を話し合ったときに、「男子生徒がふざけてスカートをはいてきたら対応に困るから選択制には反対だ」という

意見が出て議論が膠着したという話を聞いたことがある。しかし、この意見は、「悪ふざけ」「悪趣味」という問題を理由に、性自認に関わる苦痛を受忍せよと言っているのと結果的には同じである。そういえば同性愛を「趣味みたいなもの」と言い放った政治家もいたが、性的な「指向」と「嗜好」を混同した発言である。

　問題の本質は、性的な問題に係る当該児童生徒の苦痛の解消である。単なる悪ふざけであるのであれば、校則が何であろうが、壁として立ちはだかればいいのではないだろうか。また、本当に苦痛を感じているのであれば、その解消に向けての対応を検討する必要があるだろう。確かに「ズボンをはく女子生徒」と「スカートをはく男子生徒」では、現状では周囲が抱く「違和感」が異なるだろうし、配慮や指導が必要な問題も多々あるだろうと思われる。けれども、それを理由に、その生徒の性自認における苦痛を放置して校則を維持すればよいということにはならないのではないだろうか。

（4）校則に込めた願い

　ブラック校則の「ブラック」という表現は、「壁・厳しさ・規則」の影の側面しか見ていない捉え方であり、校則が児童生徒を守り育てるという光の側面を見落としている。なので、筆者はブラック校則という言葉は使わないようにしている。必要に応じた校則の見直し・改善は大切だが、校則全般を否定的に捉える考え方には問題がある。

　筆者は2003年1月1日付けで高校の教頭に着任したが、最初の大きな仕事は3月の入試の合格発表後の、保護者同伴の合格者説明会における学校紹介だった。そのときに、校則についても触れることになり、私なりに考え抜いて、校則に込めた学校の願いを話した。

　2カ月前に教頭に着任したばかりの筆者に対し、校務分掌の生徒指導部からは、規律指導（頭髪指導や制服指導等）について話して欲しいとの要望があった。また保健部からは教育相談について話して欲しいとの要望があった。つまり、生徒指導における力愛不二について話すことになったのである。さらに、この年の入試はその高校が普通科から総合学科に改編された1期生を迎えるものだったので、全体として総合学科の紹介にふさわ

しい内容にまとめあげて話すことが筆者の役割だった。ちなみに総合学科は、普通教育を主とする学科である「普通科」、工業学科や商業学科のように専門教育を主とする学科である「専門学科」に並ぶ第三の学科として、1994年度から導入された学科である。その大きな特徴は、多くの選択科目を設け、生徒が自分で科目を選択し、主体的に学習することを保障する点である。

　合格者説明会では、筆者は最初に、「新入生の皆さん、保護者の皆さん、合格、おめでとうございます。総合学科1期生の皆さんを、心より歓迎いたします。」と述べた。当たり前の挨拶かもしれないが、学校によっては、最初の出会いの場面にもかかわらず、新しい縁を喜び大切にしていくという「歓迎」の言葉もなしに、いきなり「それでは本校の制度や規則について説明します」と話し始める教師もいる。

　あるいは、「最初に一発かますことが大事だ」などという教師もいる。「かます」とは大阪弁で「相手がひるむように衝撃を与える」という意味で、英語のブラフ bluff（ハッタリ・こけおどし・虚勢・脅し）にあたる。そんな教師は、「いつまでも中学生気分ではいけない」「高校は義務教育ではない」等の言葉を好んで発する。けれども、最初にそんな言葉に出会って「なるほど」「頑張ろう」と心が動く生徒がいるわけがない。「甘やかしてはダメだ」と言わんばかりの教育観も、筆者にはとても底の浅いものだと感じられる。何よりも、最初の出会いの場で歓迎の一言も言えないような教師は、社会人としての良識に欠けていると言えよう。

　藪添（1996）は、「甘えさせる」ことと「甘やかす」ことを区別して、「甘えということをもうちょっと詳しく言いますと、『甘えさせるべきです』。私たちは人に甘えさせていただいて受け入れられたときに元気になります。しかし、『甘やかすべきではありません』。甘やかすというのは、子どもが要求していないのに、物や言葉をこっちの都合で与えることです。体が要求していないのに、おいしいからといって、つきあいだからといって、どんどん与え続けると、体はそれを吸収しなくなって排泄するようになる。つまり、糖尿病、栄養失調になります。体を甘やかしてはいけない。本当に体が要求したものだけ、ほしいものをほしい分だけ食べれば、それは体

を甘えさせていることになる。つまり体が成長する原理なんです。」と述べている。

　歓迎の言葉の次に、筆者は、「優しさと厳しさ」をキーワードに、学校の基本的な姿勢を説明した。「総合学科とは、自分の興味・関心のある授業を選択できるというシステムが大きな特徴です。このようなシステムの背景には、学ぶことが『自分にとって意味のあること』と感じられたときに学習は深いものになっていく……という考え方があります。ですから、総合学科では皆さんに、『自主性』を常に求めていきます。『自主性』とは、『自己選択（自分で決断し選ぶこと）』『自己責任（自分の行為の責任をしっかりと自分自身で引き受けること）』などの考え方です。そして、そのような力を皆さんが身につけるための援助は惜しみません。ですから、私たち教員は常に、皆さんの『自主性』を育むために、皆さんとどんな距離をとればよいのか、あるいは必要な援助は何で余計な援助（お節介）は何かを、しっかりと考え見極めていきたいと思っています。言い換えれば、『優しくて厳しい先生』として皆さんと向かい合っていきたいと思っています。」

（5）なぜ頭髪指導や服装指導をするのか

　続けて筆者は、「まずは『厳しさ』に関係する話、生徒指導の話です。」と述べ、喫煙・頭髪・携帯電話等に関する指導について話した。筆者は、「禁止のルールの説明」ではなく、「指導する意味の説明」に重点を置いて話の内容を考えた。喫煙については、「大人になるということ」というテーマに結びつけて話した。

　「問題行動で一番多いのが喫煙行為です。言うまでもないことですが、未成年の喫煙は法律でも禁止されていますし、発育途上の高校生にとって、非常に有害です。さらに、本校では、皆さんが高校生活を通じて、『大人になる』ことの意味を深く考えて欲しいと願っています。『大人になる』ことの中心には『自立する』というテーマがあります。皆さんの年頃では、大なり小なり、こころのどこかに『自立』というテーマを抱えていると思います。だからこそ、『大人の言いなりにならず自分で考える』『自分のことを悩んだり迷ったりする』こともあるでしょう。でも、私たちは、『ルールを破ることをひるまない』ことが『強さ』『勇気』の表れだとは全く思って

41

いませんし、『モヤモヤを発散する』のも、タバコとは違う形でモヤモヤの解決の道筋を考えて欲しいと思っています。そのための援助は決して惜しみません。万一、喫煙習慣のある人がいましたら、この春休みに必ず止めてください。自分の中の衝動・欲望をコントロールすることを覚えてください。ご家庭でのご指導もよろしくお願いします。」

　さらに、当時、多くの高校で指導に苦慮していた頭髪の染色についても触れた。世間の大人も髪を染める者が多い中で「髪を染めるくらい何がいけないの？」と考えている生徒や保護者が少なくないこともわかっていたので、どう話せば少しでも頭髪指導の意味が生徒に伝わるかを考えた。そして、こんな話をした。

　「次に、頭髪指導について申し上げます。本校では頭髪に関して、茶髪や金髪などの染髪を禁止しています。ひどい場合は黒染めをして直すことを求めます。『髪を染める人は、世間では結構多い』のは事実でしょうが、それが『染髪OK』の理由になるとは思っていません。『流行を追う』『流行に流される』ことの意味を考えてほしいと思っています。昔、吉本の若手芸人が出演する『二丁目劇場』という劇場がありました。ここでは、芸を競い合って、お客さんの支持があれば、『3分組』『5分組』という形でランクが上がって出演時間が長くなるようになっていました。ところで、このランクの最初のうちは、おしゃれな舞台衣装を着ることは認められておらず、全員、黒づくめの衣装になっていました。どうしてだと思いますか？若い芸人は、本来の芸とは別に『若い』『かっこいい』というだけで人気が出ることがあり、本人も『人気』の意味を勘違いし舞い上がってしまって、芸を磨くことをおろそかにしてしまうことがあるようです。吉本という会社は、そのあたりのことをよくわかっていて、あえて、『芸で勝負するんや』ということを教えようとしていたのだと思います。私たちも、高校という場で、『何で勝負するのか』『自分を磨くとはどういうことか』をしっかりと考えてほしいと願って、頭髪や制服の指導にあたっていきますので、ご理解をお願いします。」

　また、これも多くの高校で指導に苦慮していた携帯電話についても触れた。「次に、携帯電話についてご説明申し上げます。本校では、携帯電話は

校内使用禁止としています。授業中などに『通話する』『メールする』などがあれば、『預かり』ということにしています。授業中に携帯電話を使うことは、周囲に迷惑です。また、私たち教師は、授業の中で、皆さんに豊かな知恵を身につけてもらいたいと願って、精一杯言葉を投げかけていきます。だから、皆さんには『アンテナ』を先生に向けて、先生の言葉をしっかりと受けとめてほしいのです。携帯電話を教室に持ち込んで、授業中に他の人との連絡の窓口を開いておくことは、先生と生徒のコミュニケーションを大切にしない、失礼な行為だと思っています。」

　そして、「厳しさ」に関係する話を、こうしめくくった。「以上、本校の生徒指導の方針について申し上げました。合格発表の日に皆さんに書いていただいたアンケートには、生徒指導や校則についての質問がたくさんありました。それだけ、皆さんも『自由』の意味、『制限』の意味について、関心が強いのだと感じました。本校の生徒指導について、もっと話を聞きたい、あるいは私はこう考えているので聞いてほしいという人は、遠慮なく、私たちに声をかけてください。皆さんとのやりとりを通じて、校則の意味、学校生活の意味を確かめていきたいと思っています。」

　新入生たちの、「高校生になったら、もっと自由に、あんなこと、こんなことをしたい」という気持ちを受けとめつつ、私たち高校教師の願いも丁寧に説明し、校則の意味、学校生活の意味を一緒に考えていきたいということを筆者は伝えたかったのだ。

　中学校教諭の木下（2017）は、中学校における生徒指導の在り方についての実践研究に取り組む中で、「意味指導」という造語をキーワードにしている。木下は、生徒指導において、指導する意味を教師が納得できていること、指導を受ける意味を生徒が納得していることが重要だと述べている。そして、学校現場では、教師の指導について「意味がわからない」という反応を生徒が示すこともあるが、これは、教師の伝え方に問題があったり、意味自体が明確でなかったりすることが原因であることも少なくないと指摘している。

（6）一人一人と大切に関わること

　合格者説明会では、「厳しさ」に関係する話に続いて、「優しさ」に関係

する話として、教育相談、多文化理解教育、人権教育について紹介した。

　「それでは次に、『優しさ』に関係する話をします。『優しさ』というとちょっと薄っぺらい感じもするので、もう少しぴったりくる言葉に置き換えて、『一人ひとりの状況に合わせた援助』ということについてお話しします。本校では、これまで、『一人一人を大切に』を合言葉に、それぞれの生徒にとって必要な援助は何かを丁寧に考えてきました。皆さんの中で、こころやからだの問題で相談したいと思われる方、たとえば、病気、ケガの後遺症、あるいは障害のある方で、授業や学校行事などで何らかの配慮をご希望される場合は、本日、すべての用件が終了してから、保健室にお越しください。保健室では、できるだけご要望にお答えするために、状況を少しでも早く把握したいと思っておりますので、学校生活を送る上で不安のある方は、どんなことでも結構ですのでご遠慮なくお申し出ください。」

　「また、本校では、外国の文化や人との交流を通じて、多文化理解・多文化共生というテーマを大切に考えています。具体的には、モンゴルやオーストラリアとの交流に取り組んできています。ちなみに、皆さんの修学旅行もオーストラリアを計画しています。２年生は、韓国・朝鮮の文化の意味を考えるというねらいで、昨年、猪飼野（古代から朝鮮半島と所縁の深い、コリアタウンで有名な地域）でのフィールドワークに取り組み、韓国修学旅行の準備をすすめています。このような活動を通じて、私たちは、文化・習慣・言葉・名前などの違いを認め合い、豊かな人間関係を築いていってほしいと思っています。そして、あらゆる国・民族にルーツを持つ人々が、肩身の狭い思いや苦しい思いをせずに、自らの民族性をあるがままに示しながら、共に生きていける学校、社会をめざしたいというのが本校の願いです。本校の生徒・新入生の皆さんの中には、在日外国人の人もいらっしゃいます。そして、中には、本名と通名という二つの名前を持っている人もいると思います。昔、福士明夫というプロ野球選手がいました。彼は在日韓国人で、広島カープなどで活躍の後、韓国のプロ野球でも活躍しました。私は、福士選手が自分の名前について語っているインタビューが、強く印象に残りました。彼は、自分には『福士明夫』という日本の名前と『張明夫（チャン・ミョンブ）』という韓国の名前があること、どちら

が本当の名前かと言われても、答えが難しいこと、あえて言えば、本名の日本語読みである『張明夫（ちょう・あきお）』かなあ……と話していました。私は、この場面を見て、在日韓国・朝鮮人の人は、自らの名前について、悩んだり迷ったりしながら、本当に深く考えているのだなと感じました。自分がどんな名前を語るのかということは、他の人の前に自分を『何者』として示すのかという大切な問題です。『千』なのか『千尋』なのか、『ハク』なのか『琥珀川』なのか、まことの名前とは何なのか……、ほんとうに難しくて大切な問題だと思います。そして、本校では、お互いに相手が名乗る名前を大事に受けとめる関係を大切にしていきたいと思っています。本名と通名を持っている人は、すでにお考えになっているとは思いますが、高校入学という節目にあたって、どちらの名前で本校での３年間の生活を送るかについて、もう一度ご検討をお願いします。」

　「名前」についての話は、同和教育・人権教育を基軸に学校づくりを進めてきた伝統を筆者なりに大切に受けとめて考えたメッセージだった。外国人生徒の本名の問題についても、「本名を名乗る」という点ではなく「本当の名前とは何か」という点に焦点を合わせて話す内容を考えた。

　「力愛不二」という言葉は、この１年後に同僚の教諭から教えてもらうことになるのだが、このとき、時間をかけて、「愛のない力」「力のない愛」のいずれにも陥らない話を考え抜いたことは、筆者自身にとっても大きな意味のある経験だった。

（7）教師と児童生徒の馴れ合いの関係

　「力のない愛」は、馴れ合いの関係に陥ることも少なくない。標準的な規模の学級では、教育活動は、35人〜40人の児童生徒に対して教師が１名という構造で展開される。このような教室内での「圧倒的少数派」の立ち位置から、児童生徒の文化・状況・レベルに巻き込まれずに、ほどよい距離を保つことは、実は簡単なことではない。

　教師は、児童生徒のさまざまな「人間関係における働きかけ」に直面し、揺さぶられる。学ぶ意欲の欠如による注意散漫や、悪意に基づく授業妨害などの「反抗の働きかけ」は、認めがたいことが明白なので、教師はそれに巻き込まれずに、距離を置いて何らかの指導を行うものである。

しかし、たとえば生徒の「甘え」「依存」の心理に基づく、「先生、髪切ったの？」「先生、昨日の〇〇のドラマ、見た？」などの「馴れ合いの働きかけ」は、教師との関係を拒否するものではなく、むしろ関係を求めるものである。しかも「愛嬌」「親しみ」を添えて発せられる。そのため、距離の取り方をしっかりと意識しておかないと簡単に巻き込まれてしまう危険性がある。生徒の「優しく、仲良く、楽しく、居心地が良い」というぬるま湯的な雰囲気にひとたび絡め取られてしまうと、「この先生は引き込める」と認識した生徒の「馴れ合いの働きかけ」は際限なく続く。そして、「厳しく、礼節をわきまえ、真剣に、たとえつらくても」という適度な緊張感のある雰囲気に戻すことは極めて難しくなる。

　筆者が 20 代の頃、職員室に戻ってきたある先輩教員が、「"バーン"に"うーん"なんて言う奴はダメだ」と言った。廊下ですれ違うときに、生徒が指でピストルの形を作ってある若い教師の胸のあたりに向けて「バーン」と言い、その教師が「うーん」と応じていた場面についての言葉だった。「うーん」と言ったのは筆者ではなかったが、自分も同じような対応をする可能性が十分にあったので、自分が叱られているような気恥ずかしい気持ちになったことを今でもよく覚えている。

　かといって、常に仏頂面で頑なに「一切巻き込まれない」姿勢を堅持すればよいというわけでもない。河村（2000）は、「馴れ合いの働きかけ」への対応について、たとえば授業中に机間指導をしていて「先生のネクタイピンきれ〜い」と突然子どもが声をかけてきたときは、「うれしいね、ありがとう」「休み時間にじっくりと見せてあげるからね」と子どもの気持ちを受けとめつつ、「あともう少しだね、がんばろう」と課題に取り組むことを促すような在り方を示している。

　「馴れ合いの働きかけ」への対応は本当に難しいものである。教師−生徒の距離の問題は、遠すぎると交流が成立せず、近すぎると役割として必要な境界を見失うというジレンマの中で、日々、模索していくべき、教育の永遠のテーマの一つである。児童生徒との適正な距離は、これが正しいという定型があるわけではなく、教師によっても異なるであろうし、同じ教師でも児童生徒によって異なるであろうし、同じ児童生徒でも状況に

よって異なるものである。

（8）顧客満足の考え方の問題点

　「力のない愛」は、「迎合」の意味合いを帯びてくる。近年、企業経営等におけるマネジメントの考え方が安易に教育の世界に持ち込まれたことによる弊害が生じていると筆者は考えている。たとえば「顧客満足」という考え方もその一つである。その結果、「迎合」に近いサービス提供が教師の役割であるかのような学校観が世間に広まってきているように思われる。しかし、そのような考え方は、顧客の要求と一致していなくても学校の主体性で教育方針を示す「力」の大切さを見落とす、うわべだけの「愛」ではないだろうか。いや、児童生徒の成長という観点からすれば、それは「愛」でさえないかもしれない。

　学校における顧客とは、まずは児童生徒たちであり、学習や学校生活に対する児童生徒の満足度を把握し改善を図っていくことは確かに重要である。しかしながら、企業経営の手法に学ぶべき点は学びつつも、企業経営と教育経営の違いも見落としてはいけないだろう。筆者は、教育においては、「現在、縁のある人々」だけではなく、「過去に縁のあった人々」「未来に縁をもつであろう人々」も大切な顧客であると考えている。言い換えれば、学校教育を考える際には、「現在の人々」の願いを受けとめることだけではなく、「過去の人々」の願いを受け継ぐこと、そして「未来の人々」に恥ずかしくないように願いを託していくことも大切だと思うのである。

　教育という営みは、「現在の人の能力を引き出すこと」とともに、「過去の文化を伝えていくこと」「未来を担う人材を育んでいくこと」も大切な機能である。ある高校の校長は、生徒に「学校に求めるもの」を尋ねたら、「それなりに楽しい高校生活」「そこそこの（世間で恥ずかしくない程度の）大学へ進学できる学力」などの答えが返ってくることが多いと話していた。そして、このような現在の顧客の単純な「ニーズ」に応えることが教育者の本当の「サービス」であるはずがないと指摘している。

　学校教育における顧客満足の観点を考える際には、「現在、縁のある人々」とともに「過去に縁のあった人々」「未来に縁をもつであろう人々」も大切にする見識を失ってはいけないのではないだろうか。

組織的な生徒指導

1　生徒指導に係る役割分担

（1）父性原理と母性原理

　規律指導と教育相談は、一人の教師の内面で統合を図るべき問題だが、教師には、どちらかと言えば規律指導が、あるいはどちらかと言えば教育相談がフィットするタイプがあるだろう。したがって、お互いの役割の特徴・資質・専門性への敬意に基づく「分担」によって、チームとして「両方大事」の学校組織を築くことも重要である。ちなみに、「分担」とは文字どおり「分け合って一つのものを担う」ことで、他の役割に気を配らず自分の役割にしか関心をもたない「分業」とは異なる。

　しかしながら、学校現場では、学力育成や進路保障等に関する教員の合意は比較的スムーズに形成されるのに対し、生徒指導、特に規律指導に関する合意形成はうまくいかないことがしばしばある。その理由は何なのだろうか。筆者は、規律指導の問題は、特に、個々の教師のパーソナリティや教育観が大きく反映されるからではないかと思っている。

　河合（1992）は、父性原理と母性原理という概念で、「教育のなかの二つの原理」を示している。「ある生徒が校則を破る。その程度がひどいときは、処罰が職員会議で論じられる。片方は、悪をはたらいた限り処罰は教育的に考えても当然という。他方は、そのような悪い生徒だからこそ、教師がかばってやるべきで処罰などせずに、皆で包みこんでやるのこそ教育的だという意見が出される。前者は善と悪とを明確に区別してゆく原理に立っているのに対して、後者は善悪の区別よりも、全員が包まれて一体となってゆくことを原理としている。（略）父性原理、母性原理と私が呼んで

いるものは、端的に言うと、父性は『切る』、母性は『包む』機能を主としている。(略)この原理のどちらが正しいというのではないが、片方の原理が正しいと思うと相手を攻撃したくなってくる。」

　ちなみに、父性原理と母性原理の概念は、前者が男性固有、後者が女性固有の特性ということではなく、男性も女性も内面に両方の側面をもっているという意味で使われている。

　20ページの**表3**に示したように、学校現場では、規律指導を担当する教師が教育相談担当者に対し「『甘い』『けじめのない』教員がいる」「『毅然とした指導』の大切さを理解していない」と不信感をもち、教育相談を担当する教師が規律指導担当者に対し「『固い』『生徒の心がわからない』教員がいる」「『カウンセリングマインド』の大切さを理解していない」と不信感をもつ光景が散見される。このような状態を、父性原理と母性原理の対立、相手の原理への攻撃として捉えることもできるだろう。学力育成や進路保障等の課題では、この二つの原理が表面化することはほとんどないが、規律指導では、二つの原理についてのその教師の立ち位置がストレートに関係してくるため、合意形成が難しくなるのではないだろうか。

　けれども、組織的な生徒指導を展開するためには規律指導に関する合意形成も重要であり、次の3点を挙げることができる。

　① 学校にはいろいろなパーソナリティの先生方がいることが重要
　② 父性原理を重視する先生と母性原理を重視する先生の相互のリスペクトが重要
　③ 個人戦から団体戦へという発想が重要

　筆者が最初に勤務した高校で教育相談係を担当したときは、生徒指導主事との、相互の役割に対するリスペクトに基づく信頼関係があった。「じっくりと話を聴く専門性」をもつ教育相談係と、「シンプルに基本的な生活習慣の大切さを諭す専門性」をもつ生徒指導係との信頼関係である。たとえば遅刻・欠席指導においても、まずは遅刻・欠席の回数が多い生徒をピックアップするが、形式的な平等原則で全員に対して機械的に訓戒等の指導を行うのではなく、教育相談的な対応が必要だと生徒指導主事が判断した場合は、「相談室で個別に対応してくれる？」と依頼された。逆に、

すでに相談室で対応している生徒で、本人の怠けや不注意に帰することができない問題が背景にあることを把握している場合であっても、それはそれとしてあえて懲戒的な指導を行うことが望ましいと筆者が判断した場合は、「生徒指導係で他の生徒と同じように対応してくれる？」と生徒指導主事に依頼した。

（2）自分のタイプに応じた生徒指導

　生徒指導主事は体育科の教員が担当することが多い。某県の教育委員会のある指導主事に、「生徒指導の担当の先生に体育科の先生が多い理由は何だとお考えですか？」と質問したことがあった。その指導主事は、学校現場では体育科の教諭で生徒指導主事を務めていた。すると、次のような返答があった。

- ・中・高・大学の部活動で経験し学んだコミュニケーション能力や上下関係能力が身についている。
- ・「見た目が怖い」「大きな声」「部活動で培った根性」などの迫力があり、生徒全体をまとめる能力がある。
- ・体格や体力、普段の服装など見た目で他の教員より一目置かれやすい雰囲気がある。
- ・情熱的で面倒見がよい。

　必ずしも一般化できるわけではないが、この回答は、体育の教員に比較的共通して見られる持ち味や強み、言い方を変えれば父性原理のプラスの面がうまく表現されていると思う。そして、このような教員の教育力も、学校教育においては不可欠なものであり、母性原理に拠って「非教育的だ」と否定するのではなく、その教育的意義について理解することが大切である。

　しかし、一方では、父性原理よりも母性原理が勝るタイプの教員もいる。筆者自身も、どちらかというとそのタイプだと思う。重松清の小説『ライオン先生』（1999）に、成績不振の生徒たちを「箸にも棒にもかからない」と言い捨てる学年主任に対して、ライオン先生が「箸にも棒にもかからないのなら、スプーンですくえばいいじゃないですか」とつぶやく場面がある。そしてライオン先生は、「上からつまむ箸や、突き刺すフォークと違っ

て、スプーンは下からすくう。それがなんだか教育の極意のような気もして、ああオレはいま教師なんだ、としみじみと実感していたのだ。」と独白する。筆者はこんな言葉に心が動く。

　また、筆者は若い頃は「叱る」という行為を苦手にしていた。そして、五木寛之の、「わかっているのは、〈叱る〉という行為は、必ず強い側から弱い立場の相手に対して可能なことだということです。（略）今のぼくは〈文句を言う〉ことはできても、人を叱るほど人間や世の中に対して温かい気持ちを持つことができないでいるのです。（略）それというのも、自分が相手より強い立場にいることに、生理的な不快感をおぼえてしまうからです。（五木、1997b）」という文章に出会ったときも、共感を覚えた。

　筆者のように、どちらかというと母性原理がフィットするタイプの教員も、現場には必ず存在する。そして、言うまでもなく、このような教員の教育力も学校教育においては不可欠なものであり、父性原理に拠って「甘い」と否定するのではなく、その教育的意義について理解することが大切である。

（3）生徒指導におけるダブル・セーフティネット

　規律指導と教育相談、あるいは優しさと厳しさの「統合」について述べてきた。しかし、「統合（インテグレーション）」よりも「調和（ハーモニー）」という表現のほうがイメージしやすいかもしれない。河合は、「西洋人は多様をインテグレートすることを考える。（略）われわれ日本人はハーモニーだと思うてる。インテグレートはされてなくても、ハーモニーがある。（略）日本人には、調和の感覚は美的感覚としてありますわね。（略）向こうは一神教でしょ。だからやはりインテグレーションと言いたいし、どこかに一なるものがあるんですよ。（略）こちらの場合は一なるものがなくて、いろいろあるんだけど、ハーモニーがある。」と、「統一する」ことにこだわるのは西洋的な発想だと指摘している（河合・鷲田、2003）。

　さらに、よく考えると、個別の具体的な場面では、「厳しさ」か「優しさ」のどちらかの対応を選び取ることになることも少なくない。そう考えると、「統合」よりも「使い分け」あるいは「役割分担」として考えるほうがわかりやすいのかもしれない。

　また、規律指導と教育相談は、「状況によっての使い分け」という考え方

で調和を図ることも考えられる。阿形（2012）は、**図3**のように「生徒指導におけるダブル・セーフティネット」という考え方を示している。

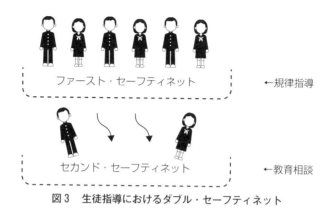

図3　生徒指導におけるダブル・セーフティネット

　児童生徒に対する教員の指導や援助が、学校生活における児童生徒のさまざまな問題行動や不適応などに対するセーフティネットとしての意味をもっていると考えるならば、規律指導はファースト・セーフティネットとして捉えることができる。けれども、規律指導だけでは対応できずこぼれ落ちる児童生徒が必ずいる。そんなときに、セカンド・セーフティネットとしての教育相談が意味をもってくるということである。これは、筆者が初めて教育相談係を担当したときに、教育相談室の長を務めていた先輩教員が「教育相談は学校における"二重底"の2番目の底のようなものだ」と話していたことがヒントになっている。「2番目」という点も重要で、教育相談が「1番目」になると学校の本来的役割を見失うことになりかねないが、「2番目」の受けとめがあるからこそ「1番目」の規律指導もより深く機能するのである。

　二つのセーフティネットは、互いに異なるからこそ二重のセーフティネットになりうる。ファースト・セーフティネット（規律指導）の教育論を安易にセカンド・セーフティネット（教育相談）に持ち込むと、「抑圧」「関係切断」「児童生徒の非自己開示」につながってしまう。セカンド・セーフティネット（教育相談）の教育論を安易にファースト・セーフティネット（規律指導）に持ち込むと「看過」「無秩序」「児童生徒の自己抑制

欠如」につながってしまう。したがって、教師は、児童生徒の状況を見極めて、どちらのセーフティネットで対応すべきかを適切に判断することが大切になる。

　「セカンド」から連想したことだが、高校教諭の三木野（2017）は、総合学科高校におけるキャリア教育に関する実践研究の中で、担任が行う科目選択指導やキャリアガイダンスをサポートする教員を「セカンドオピニオン教員」と名づけている。医療における「セカンドオピニオン」の制度は、患者にとって、自分らしく納得できる選択を行う上で有用な仕組みである。同じように、「セカンドオピニオン教員」を置くことで、生徒は多様な観点からのアドバイスを受けることができるようになり、「納得できる選択」の実現につながったと三木野は述べている。「第1の教師」と「第2の教師」は、基本的方向性は共有しつつも全く同じ考え方に立つわけではなく、むしろその違いを活かして多様な指導を展開する。教師の協働とは、単純な「一枚岩」イメージではなく、「セカンドオピニオン」的文化を大切にすることだとも言えるだろう。

　2011年にサッカーの女子ワールドカップで初優勝した日本女子代表（なでしこジャパン）が帰国会見を行ったとき、GKの海堀あゆみ選手が「あの大きなゴールをひとりでは守れない。みんなの助けがあって、全員が一丸にならないといけないということを強く感じます。」とコメントしていた。海堀の「ゴールはひとりでは守れない」という言葉に倣うならば、「児童生徒や学校はひとりでは守れない」のである。異なるポジションや役割を分担し連動することが、学校組織をしなやかで豊かなものにするのである。

2　専門機関との連携

（1）抱え込みと丸投げ

　組織的な生徒指導を展開するにあたっては、スクールカウンセラー・スクールソーシャルワーカー・スクールロイヤー、あるいは児童相談所・適応指導教室・教育センター・児童自立支援施設・少年鑑別所等との連携も重要になる。しかし、教師は、教育の専門職としての自負が強すぎるあま

り、「抱え込み」に陥ることがある。そのような姿勢では連携は図れない。また逆に、任せることで荷が下りる安心感から「丸投げ」に陥ることもある。このような姿勢からも連携は図れない。

文部科学省は、『生徒指導提要』で、「『連携』とは何か問題があった場合に、『対応のすべてを相手に委ねてしまうこと』ではありません。学校で『できること』『できないこと』を見極め、学校ができない点を外部の専門機関などに援助をしてもらうことが連携なのです。」と指摘している。

専門性への「丸投げ」の問題は、特別支援教育の領域でも生じることがある。かつては、「計算の苦手な子」「落ち着きのない子」等について、指導方法の工夫や関係づくりの努力もせず簡単に児童生徒の自己責任に帰するような姿勢の教師も少なからずいた。しかし近年は、発達障害に関する知識が教員の間でも一定広まっている。そして、LD や ADHD 等の概念は、そのような子どもの「学びづらさ」「生きづらさ」に対する理解を深める糸口となった。

けれども、一方で、発達障害という概念の登場が、今までなら当たり前の「教育の課題」「教師の課題」として捉えられていた子どもの問題を「治療」「福祉」の問題として教育から切り離し、教師の主体的な関与を疎外する方向に働く場面も散見される。

近年は、「あの子は発達障害の疑いがある」という言葉を簡単に口にする教師も見られるが、その言葉の後に続くのが、「だから専門家とも相談しつつ、教師としてのかかわりを深める方向や工夫を考える必要がある」という考え方であれば、これは「連携」の姿勢である。しかし、「だから素人の私たち教師では対応できないので、専門家に任せるべきだ」という考え方であるのなら、これは「丸投げ」の姿勢である。

また、一見「連携」を語っているように見えて実は「丸投げ」に陥っている場合もある。阿形（2020）は、「生徒指導や教育相談の事例を議論する際に、近頃はすぐに制度論や病理論を持ち出す教員が少なくないことを私は危惧しています。児童生徒の具体的な状況やエピソードに即して自分で問題の意味を読み取ろうとせずに、『スクールカウンセラーとの連携はどうなっているのか』『発達障害ではないのか』等に短絡させる姿勢です。そ

こには、教育者として真摯に苦悩しながら、子どもが大人になっていくプロセスで直面する課題を何とか理解し、教師として関与していこうとする態度が欠落しています。」と指摘している。

　この問題は、鷲田（2010）が指摘している「聴くプロの登場の弊害」とも関係している。鷲田は、「聴くことにも専門家が生まれたというのは、ちょっと危うい状況である。ついこのあいだまでは、聴くプロがいない代わりに町のなかに聞き役がいた。ひとびとはたがいに自然に聞き役になりあっていた。いまは、たがいに他人の家のことには踏み込まないようになって、聞き役もいなくなった。だから聴くプロも登場してくるのだが、聴くプロがいるとひとはますます他人の話など聴かなくなる。子どもの鬱ぎをみずから聴く前に、すぐに『カウンセリング受けてみる？』と訊く。そういう悪循環がどんどん進行しているように見える。」と述べている。

　大切なのは、目前の生徒の問題に教師としていかに関与するかを考え続ける姿勢である。そうでなければ、教師の責任において指導・援助・かかわりの対象とすべき児童生徒像がどんどん平板なものになり、教師の子ども観・人間観がどんどん乏しくなり、「スタンダードではない児童生徒」を簡単に「専門家」に委ねていく教育に陥るのではないだろうか。そして、そんな考え方は、「特別な児童生徒」の切り捨てにつながるから問題であるだけでなく、「スタンダードな児童生徒」に対する生徒指導も決して深まってはいかないという意味でも問題なのである。

（2）専門機関の優しさと厳しさ

　連携するためには連携相手のことを正しく理解することが必要である。学校において「力と愛」「優しさと厳しさ」「父性原理と母性原理」の両方が重要であるように、実は、関係機関においても、両方の視点が大切にされている。

　文部科学省は、不登校児童生徒の学校復帰に向けた指導・支援を行う学校外の施設として、1990年に適応指導教室を設置した。徳島市の適応指導教室は「すだち学級」という名称である。「すだち」とは徳島特産の柑橘であるとともに、「巣立ち」の意味合いも込められている。すだち学級のスタッフは、児童生徒にとって「信用できる場所」「安心できる場所」「裏切

られない場所」「心がやすらぐ場所」であること、言わば教室における母性原理を大切にしている。けれども一方で、「すだちの約束」として「登級・帰宅時の挨拶」「携帯電話使用禁止」「行事原則全員参加」「染色・化粧等禁止」「友人の来所禁止」などの父性原理的なルールも定めている。

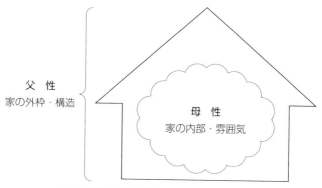

図4　父性と母性が作る子どもが成長する空間

　角田（2009b）が示しているように、子どもが成長するためには、**図4**のような空間が必要である。ちなみに、一般的には「優しいかかわり」というイメージがもたれているカウンセリングにおいても、時間・場所・料金については制限、枠組みがきちんと設けられており、それがクライエントとセラピストを守る意味をもっている。カウンセリングにおいても、「優しいかかわり」を保障するためにこそ「厳しい枠組み」が必要とされているのである。

　児童福祉法に基づいて設置されている機関に児童自立支援施設がある。児童福祉法第44条には、「不良行為をなし、又はなすおそれのある児童及び家庭環境その他の環境上の理由により生活指導等を要する児童を入所させ、又は保護者の下から通わせて、個々の児童の状況に応じて必要な指導を行い、その自立を支援」することを目的とすると示されている。

　徳島県の児童自立支援施設である徳島学院では、「生活指導等」を行う施設として、6：45に起床、清掃・洗濯・朝食の後、授業・作業（農作業・環境整備等）、夕食・反省会、22：00就寝という厳しい日課や、携帯電話の禁止、小遣い月1,500円等の制限を設けている。

けれども、決して「厳しいかかわり」だけの施設ではない。徳島学院の寮長は、信条として、次の5点を挙げた。

① どんな子も幸せになって欲しいと思う愛情

② いつかはきっとよくなると信じる心

③ 本気で対決する、向き合う姿勢

④ 自分の人間性をさらけ出す誠実さ

⑤ 自己犠牲・ボランティアなどの奉仕の精神

そして、学校の教員に望むことは、施設に任せっきりではなく、入所している児童に対し、手紙を書いたり、施設を訪問したりするなど、「見守っているよ」「待っているよ」という姿勢を見せて欲しいとのことだった。

学校でよく叱られた先生であっても、その先生から手紙が届くと、子どもは嬉しそうな表情を見せるそうだ。その一方で、先生から何の連絡もない子どもは、羨ましさ、寂しさを感じるだろう。中には、施設として一定の改善、立ち直りの見通しが立ったと判断して、学校に退所を伝えると、「えー、もう少し預かってもらえないんですか」というような心ない言葉を発する教師もいるそうだ。

筆者は学部の「生徒指導論」の授業で、「児童自立支援施設は単なる収容所ではない。非行などを行う子は地域や学校から排除すべきとでも考えているのだろうか……。君たちは、こんな心ない教師になってはいけない。君たちが教師になって、もしも教え子が児童自立支援施設に入所することになったら、どうか、手紙のひとつでも出し、ときには施設を訪問してあげてほしい。それが連携ということだ。」と話している。

余談になるが、鳴門はベートーベンの交響曲第九番の日本初演の地としても有名である。かつて鳴門市には、第一次世界大戦時に日本軍の捕虜となったドイツ兵を収容した板東俘虜収容所があった。所長の松江豊寿は、軍部の「手ぬるい」という批判をはねのけ、ドイツ兵捕虜の人権を尊重し、できるかぎりの自主的な生活を認め、地元民との融和を図る方針を取った。ドイツ兵たちは優れた技術を活かしてさまざまな活動に取り組み、音楽活動においては、松江所長や地元の住民への感謝の気持ちを込めてベートーベンの交響曲第九番をアジアで初めて演奏した。当時の史料は、日本とド

イツの友好の象徴として、鳴門市ドイツ館に展示されている。松江所長は、戊辰戦争における敗北と賊軍としての悲哀を味わった会津藩士の長男として 1872 年に生まれた。だからこそ、戦いに敗れた人間の「苦悩」と「プライド」を理解し、ドイツ兵を大切に扱ったのである。

　実は、板東俘虜収容所は、現在の児童自立支援施設徳島学院のすぐ近くに設置されていた。いずれの施設も、「入所者の自由を制限する施設」であるとともに、「入所者の人格へのリスペクトを忘れない施設」であるという符合を、筆者は興味深く感じた。松江所長の姿勢や徳島学院の寮長の信条は、「学校が監獄にならない」「児童生徒が囚人にならない」「教師が抑圧者にならない」在り方を暗示しているのではないだろうか。

3　保護者との連携

（1）「モンスターペアレント」は本当か

　教職を目指す学生たちの中には、保護者に対してうまく対応できるだろうかという不安を感じている学生が少なくない。「モンスターペアレント」という言葉が世間に広まったのは、テレビドラマ「モンスターペアレント」が放映された 2008 年頃からだろう。近年の教職採用試験の倍率の低下の原因にも、「教員の多忙化」と並んで「保護者対応の難しさ」が挙げられている。

　そこで、筆者は学部授業「生徒指導・教育相談演習」で、学生たちに「教師に対する保護者の“モンスター”のような言動・振る舞いとは具体的にどのようなものか？」と質問した。学生たちは、いくつかの例を挙げたものの、それほど続々と出てくるわけではなく、また、理不尽ではあるには違いないけれども、「そんな親は昔もいたのではないか」と思えるものもあった。学生たちは、モンスター（怪物、人間らしさを失った存在）という言葉のインパクトとテレビやネット等での短絡的な情報発信による風評に惑わされて、直接経験等の確かな根拠に基づいているわけでもないのに、保護者対応への不安を募らせているのではないかと筆者は感じた。

　そこで次に「親が教師に対して“モンスター”のような言動・振る舞いをとるのはどうしてだろうか？」と質問した。すると、「子どものことが心

配だから」「子どものことを大切に思うから」などの意見が返ってきた。そこで、一見、理不尽ではあっても、その裏には子どもへの思い・期待などがあるのではないかということを学生たちと話し合った。

（2）要望・苦情は学校への期待・願いの表れ

　筆者は2007年度〜2009年度の3年間、大阪府教育委員会で勤務したが、教育委員会では当時、モンスターペアレントという言葉は使わないように心がけていた。そして、どうしても使わざるを得ないときは、世間ではそう呼ばれているけれども私たちは「理解できないモンスター」だと考える立場には立たないという意味を込めて、括弧付きで「いわゆる『モンスターペアレント』」と表現した。

　さらに、2010年には、保護者連携に関する資料『学校・家庭・地域をつなぐ　保護者等連携の手引き　〜子どもたちの健やかな成長のために〜』を作成した。筆者も少し編集に関わり、「『要望・苦情』は、学校への『期待・願い』の表れであるととらえ、相手の立場に立って、その背景や理由を理解するように努めましょう。」などの部分を執筆した。

　これは、日精研心理臨床センター編（1986）『独習　入門カウンセリング・ワークブック』の中の、クライエントのグチや不満への対応についての、「不満やグチはクライエントの夢、願望、期待が阻まれていることの証拠なのだという考え方に立ち、不満やグチの背景にある夢や願望や期待に耳を傾けるようにすることです。」という文章をヒントにしたものである。

　筆者が教育委員会に勤務していたときも、保護者の方からのクレーム電話に何度か対応したことがあり、内容によっては正直なところうんざりすることもあった。けれども、ある指導主事から「医者は患者としか出会わない」という言葉を教えられて、少し気持ちの整理がついた。確かに、わざわざ病院に行って医者に健康であることを伝える人などいない。同じように、わざわざ教育委員会に電話をして子どもが有意義な学校生活を送っていることを報告する保護者などいない。だから、「指導主事は苦情を訴える人としか出会わない」と考えるほうが理にかなっている。さらに、このような考え方を教育一般に敷衍するならば、「教師は課題のある児童生徒としか出会わない」となる。そう考えると、学習指導でも生徒指導でも、

児童生徒が「自分の思うような結果を出さない」「自分の手を煩わせる」ことを愚痴るような教師は、尽くすべき教職の責務を自覚していないと言えるかもしれない。

（3）保護者面談のロールプレイ

授業では、先ほどの質問に続いて、学生どうしで担任役・保護者役を演じるロールプレイを行った。これは筆者が考案したもので、**表5**がその進行表である。

表5　保護者面談のロールプレイ進行表

1）ペアを作り、一人が小学校6年の児童の担任役、もう一人が保護者役を演じる。 2）担任役は、児童が子どもの頃の自分だと想定して、担任を演じる。保護者役は、その児童の保護者を演じる。 3）担任役は、児童（＝子どもの頃の自分）の学校での様子・良い点・気になる点を保護者に伝える。 4）担任役は最後に「何かお聞きになりたいことはございませんか」と質問し、保護者役は、何か一つ、架空の心配事を相談する。

これは、担任役が、自分が良く知っている子ども、つまり幼いときの自分自身のことを、どのように相手に生き生きと伝えるかということがねらいのワークである。と同時に、副次的には、自分の「内なる子ども（インナーチャイルド）」を探り、そのことを通じて子ども時代の実像や意味を考え、児童理解を深めるという意義もある。

そして、このワークの後の小講義では、「保護者面談のツボ」として、次の3点を示している。

① 親と共に子どものことを語り合う
② 親を責めない
③ 親の感情を受けとめる

『生徒指導提要』には、生徒指導とは学校の中だけで完結するものではないので、学校と保護者の相互の交流を深めていくことが重要であると示されている。教師が保護者を簡単に「モンスター」「非常識な親」と見てしまう態度、保護者が教師を簡単に「問題教師」「指導力不足教員」と見てしま

う態度、そんな中からは、相互の理解・敬意・信頼・協力など生まれよう
がないということを、教師も保護者も忘れてはいけないだろう。

（4）保護者対応に係る標語

　教員採用試験に向けての模擬授業や個人面接・集団討論などについて指
導する際に、筆者は、「コンパクト compact とインパクト impact が、リ
スペクト respect とエクスペクト expect を生む」という視点で助言して
いる。「コンパクト」は、ダラダラと話すのではなく要点をまとめて話すこ
と、「インパクト」は、ありきたりの内容ではなく聞き手の心が動くような
発信を工夫することである。そして、そのようなコミュニケーション・ス
タイルが、話し手に対する聞き手の「リスペクト（敬意）」と「エクスペク
ト（期待）」につながるのではないかという意味である。

　「コンパクトとインパクト」を満たす言葉の典型がキャッチコピーであ
る。筆者は、プレゼンテーションの在り方を考える際に、しばしば、有名
なコピーを題材にしている。そこで、学部授業「生徒指導・教育相談演習」
の最後に、保護者との連携において重要なことをコンパクトにかつインパ
クトがあるように表現する
ために、学生たちに、五・
七・五の一句を作らせてみ
た。表6がその作品例であ
る。どの句も、実際に教師
になってから、保護者対応
のときに自分の基本的スタ
ンスを確かめるための標語
に値するものである。

表6　保護者連携のポイント

> 受けとめて　共に育てる　子の未来
> 受けとめる　保護者の気持ち　大切に
> 否定せず　保護者の意見　受けとめる
> 良い関係　作るためには　受けとめを
> 親・担任　子どもを育てる　スクラムで
> 願うのは　親も教師も　みな同じ
> 保護者はね　子どもを支える　同志だよ

　最初の四つは、共通して「受けとめる」というキーワードが含まれてい
る。『生徒指導提要』では、保護者を通して児童生徒理解につながる資料を
収集するにあたって、保護者とのラポール（親密な信頼関係）の形成や傾
聴の姿勢が大切であると示されている。学生たちは、演習を通じて、それ
を理解したのではないかと思う。後半の三つは、教師と保護者が子どもを
軸に力を束ねることの大切さを表している。『生徒指導提要』では、生徒指

導の効果を高めていくには、家庭や地域との連携を促進し、家庭と一致協力した体制を築くことが大切であると示されている。学生たちは、演習を通じて、これについても理解したのではないかと思う。

　ちなみに、筆者も一句、詠んでみた。「親知らず　癒す先生　名しかい」。

　この句は、二つの意味を表している。一つは「歯の親知らずを治療してくれる名歯科医」という意味だが、もう一つは「親も知らない（気づいていない）問題を、親と子の間を橋渡しする司会役のような立場で家族に関わり、問題を解決していく」という意味である。

　家族関係への介入は難しいものだ。家庭訪問などで児童生徒の問題行動ばかりを伝える「告げ口訪問」は、教師の側からすれば保護者の協力を得たいと考えての行動であったとしても、保護者の側からすれば学校の先生からまたイヤなことを言われる出来事になる。そして、保護者のストレスが子どもに向き、子どもは子どもで学校への体面を気にする親の小言に苛立ち、結果として親子の溝を深める方向に作用することもある。そのような対応ではなくて、会話が膠着したり決裂したりする親子の間に教師が司会役として介入し、子どもが直面している問題についての親子の対話を促進すること、そして、その中から問題解決の糸口を探ることが家庭訪問の要点である。

　心理療法の家族療法等の考え方も参考になるが、筆者は、「親と子をつなぐ司会役」という意識をもつだけでも大きな意味があるのではないかと考えている。筆者が大阪府立高校の教員を務めていた当時、教育相談の研究会などで一緒に活動した佐谷力（現、常磐会学園大学教授）は、子どもの発言を遮って口を挟もうとする母親を「おかあさん、今、子どもさんが話しているので、ちょっと待ってくださいね」と制したり、口を開こうとしない父親に「ちなみに、今のお話しを聞いておられて、おとうさんはどうお感じですか」と水を向けたりするような実践例を発表し、「押しかけ司会法」と名づけていた。

（5）「できないこと」と「できること」を伝える

　「保護者面談のツボ」の一つとして、「親の感情を受けとめる」ことが挙げられる。筆者が高校の教頭を務めていたとき、ある新任教員が保護者か

らの電話への対応で苦慮していることがあった。保護者が激昂している様子がうかがえたので、電話が終わった後、教頭席に呼んで事情を聞くと、ある科目の成績について、その教員が担当しているクラスの成績が他の教員が担当しているクラスに比べて低いことについての電話だった。「新任だから教え方がヘタなのではないか」「他のベテランの先生と担当を替えて欲しい」等の訴えだったとのことで、理不尽な保護者だと言わんばかりの表情だった。

　そこで、筆者は、「君が言った通り、年度途中で教科担当を変更することは、よほどの事情がない限り学校としてはできない。けれども、君の対応を聞いていたら、いきなり『担当の変更は教務上できません』と返し、その後も『できません』の一点張りだっただろう？　どうして、最初に『なるほど、子どもさんの成績についてご心配なんですね』のひとことくらい言えないのか。保護者は、教務的な制度のことを聞きたいのではない。我が子の成績についての不安を訴えていることくらい、少し考えればわかるだろう？　なのに、全く気持ちを受けとめず、制度的にできないとしか言わない姿勢に対して、保護者の方は立腹されたんじゃないのか？　保護者が『モンスター』なのではなく、君の対応が相手を『モンスター』にさせてしまったという面を忘れてはいけないと思うよ。」と指摘した。

　もちろん、教科担当の変更は簡単にはできない。けれども、保護者対応においては、「できないこと」と「できること」を整理し、「できないこと」は「できない」と伝えるとともに、「できること」は精一杯行うと伝えることが大切だ。この場合も、最初に保護者の不安・不満を受けとめて、「わかりました。一度、子どもさんと話し合って、子どもさんの意見や要望を聞いてみます。」「放課後の学習支援等も必要であれば考えてみます。」などの「できること」を提案することで、保護者との関係をつなぐことができたかもしれない。

　筆者が校長を務めていたときには、買ったばかりの携帯電話を学校で盗まれた生徒の保護者からの電話があった。きっと、携帯電話を欲しがる子どもを「高校に入ったら……」と我慢させ、厳しい家計をやりくりして高価な携帯電話を買い与え、子どもが小躍りして喜んでいたのに、たちまち

盗難に遭ったということなのだろう。親子ともども、その落胆と怒りの気持ちは、痛いほどわかった。なので、筆者は、まずは保護者の方と生徒の気持ちを受けとめる言葉を伝えた。そしてその上で、保護者の「警察を呼んで生徒全員の指紋をとって犯人を見つけろ」という訴えに対しては、それはできないとお伝えした。

　と同時に、「学校としてできること」として、「まずは今日のHRで、各担任から盗難があったことを伝えるとともに、体育の更衣の後に教室で盗難が発生したようなので、施錠の徹底等について注意喚起する。」「明日の放課後、全校集会を開いて、校長として話をする。」「当面、授業の空き時間の教員が校舎内を適宜巡回する。」と伝えたところ、保護者から「よろしくお願いします」との言葉が返ってきた。

　そして、筆者は、被害生徒と保護者の気持ちを真摯に受けとめ、任せていただいたのだから精一杯の言葉で対応しようと思い、全校集会で話す内容を熟考した。

　翌日の全校集会では、まず、外部の者による盗難なのか、残念ながら内部の者による盗難なのかはわからないが、いずれにしても、何らかの心当たりがある生徒は申し出て欲しいということを伝えた。そして、生徒による盗難である場合は、「チクる（密告する）」ことへのためらいがあるかもしれないと考え、こんな話をした。

　「数年前、台風で三重県のある町が大きな水害に遭いました。ボランティアに出向いた私の同僚から、水害にあって使えなくなった家具や電気製品が、単なる大型ゴミの山ではなく、泥にまみれながらも整然と並べられていたのが忘れられないとの話しを聞きました。きっと『これは夫婦で選んだタンス……』『これは誕生日に買ってもらったステレオ……』というように、それぞれの思いをかみしめながら並べられたのでしょうね。モノやお金は、他人にとってみれば単なるモノ・金にすぎません。けれども、その人にとっては、さまざまな願いや思い出が込められたモノであり、何かのためにやっとの思いで工面したお金であるかもしれません。そういう意味では、盗難とはモノ・金を盗む行為であるだけでなく、そこに込められた人の心を踏みにじる行為です。そして、盗んだ人自身が『心ない人間』

に堕ちていく行為です。ですから、事実を明らかにし、盗んだ人に被害者の方に償わせ、盗難行為をしっかりと悔い改めさせることが大切なのです。だから、皆さんの中に、魔が差して盗んでしまった人がいたのなら、どうか正直に名乗り出てください。また、疑わしい行為を見かけた人は、どうかためらわずに担任の先生に申し出てください。」

　残念ながら「犯人」は明らかにはならなかったが、筆者の話の中心のねらいは、「犯人捜し」ではなく、人としての在り方に関わる教育の文脈において「盗難」について考えることだった。

（6）あきらめることと希望を失わないこと

　以上、保護者との連携の要点をまとめたが、中には、それでも残念ながら保護者とうまく関係がもてない場合も当然あるだろう。そんなときにはどうすればいいのだろうか。筆者は、それでもうまくいかないときは、最後の方法として「"仕方がない"とあきらめること」だと考えている。読者の中には戸惑われる方もいるだろう。しかし、筆者は真剣に、「"仕方がない"とあきらめる」ことが重要だと考えている。

　筆者が本書を執筆している今現在は 2020 年だが、コロナウイルスの感染防止のために、学校教育も大きな影響を受けた。本書が出版される頃には状況は落ち着きを取り戻していることを願うばかりである。なかなか先行きが見えない現状の中で、筆者は、カミュの『ペスト』等をヒントに、単なる感染防止対策としてではなく、今、社会で起きていることの本質的な意味を考えることが重要であると考えている。

　小説『異邦人』の作者として有名なカミュは、「不条理の哲学」を打ち立てた哲学者でもあったが、筆者は、近年の学校教育をめぐる言説で最も欠落しているのが、「世の不条理に向き合う」視点だと思っている。そして、「世の不条理に向き合う」ためには、「断念」「諦観」も大切な知恵になるのではないかと考えている。

　筆者が「諦観」の重要性を考えさせられたきっかけは、ゲシュタルト療法におけるパールズ Perls.F.S の詩『ゲシュタルトの祈り』（表7）との出会いだった。パールズは、ワークショップにおいて、この詩をよく読んだという。

表7　ゲシュタルトの祈り

I do my thing, and you do tour thing.

I'm not in this world to live up to your expectations.

And you are not in this world to live up to mine.

You are you, and I am I.

And if by chance we find each other, it's beautiful.

If not, it can't be helped.

〈Perls.F.S.（1969）『Gestalt Therapy Verbatim』より〉

私は私のことをする。そしてあなたはあなたのことをする。

私がこの世に生を受けたのは、あなたの期待に応えるためではない。

あなたもこの世に生を受けたのは、私の期待に応えるためではない。

あなたはあなたであり、私は私である。

もし、期せずして、お互いに出会えるなら、美しいことである。

しかし、出会えなかったとしても、それは仕方のないことである。

〈Perls.F.S. 著、倉戸ヨシヤ監訳(2009)『ゲシュタルト療法 バーベイティム』より〉

　5行目までは誰もが腑に落ちる内容だが、そのあとの最後の1行に、「出会えなかったとしても、それは仕方のないことである。」と書かれているのだ。要は、「あなた」との関係において「わたし」がどれだけ労を惜しまず最善を尽くしても、残念ながらつながることができないことも人の世にはあるだろうし、それはそれで仕方がないという意味である。人事を尽くさずして簡単にあきらめてしまうことは問題だが、どうにもならないことまで抱え込んでしまうと、かえってかかわりの弾力性を失ってしまうことへの戒めなのだと筆者は解釈している。

　だから筆者は、保護者対応において「『仕方がない』とあきらめる」ことも必要だと考えているのである。もっとも、真面目で誠実な教師は、「あきらめる」ことに抵抗を感じる場合もある。そこで、筆者は、「後ろめたく感じないためには、"いつの日にか"という希望を失わずに……」という言葉を添えるようにしている。

（7）パン種を蒔く生徒指導

　筆者は、生徒指導あるいは教育が本当の意味で実を結ぶためには、一定の時間を要することがあるという意味で、「パン種を蒔く生徒指導」と表現することがある。パン種とは、パンの発酵を促す酵母（イースト）のことだ。パン生地が発酵するには一定の時間が必要であるように、児童生徒の成長もすぐに結果が出るわけではなく一定の時間を要する場合がある。

　ちなみに、この「パン種」のたとえは、韓国の被爆者を救援する市民運動に取り組んでいたキリスト教徒の松井義子の著書『平和のパン種』（1993）の一節がヒントになっている。松井は、「パン種って小さなものでしょ。パン種っていうのはイーストや酵母のことなんですけど、小麦粉の小さな塊を大きく膨らませていくでしょう。私は、せめて日本人一人ひとりが、平和のパン種を自分の中に持ってくださったらと思うんです。パン種は生きていますから必ず大きく膨らんでいくでしょ。決してそれだけでは終わりませんからね。」と述べている。宗教家としての深い人間信頼の思想に裏付けられた言葉だと思う。

　さらに筆者は、「"いつの日にか"という希望を失わずに……」ということに関わって、「アイスクリームを食べなかった少年」の逸話を思い出す。これは、福島県に堀川愛生園（養護施設）を創設し、北海道家庭学校（児童自立支援施設）の校長も務めた谷昌恒の『教育力の原点　家庭学校と少年たち』（1996）に載っているエピソードである。

　谷が堀川愛生園に勤めていた頃、ある児童相談所から小学校6年生の男の子を一人預かった。園に向かう途中の駅で乗換の時間があったので、谷は駅前の喫茶店に入って、アイスクリームを注文した。けれども、男の子は不安と緊張からかスプーンを手にしようとせず、アイスクリームは融けてしまったそうだ。それから20年、このときの少年が立派な青年技術者になって、園を訪ねてきた。青年は、園を出てからの歳月をぽつりぽつりと話した。そして、しばらくの沈黙の後、こう言ったそうだ。「あの時、食べなくて、ごめんなさい。どうしても、手の出なかった自分、そのことが自分の一生の負い目になりました。」

　少年もまた、あの日のアイスクリームのことを「一生の負い目」として

忘れずに覚えていたのだ。「先生、私は学校にいたころ、先生たちのお気持ちに十分お応えしていなかったように思います。先生たちの一生懸命なお気持ち、熱心さ、真剣さ、みんなよく分かっていました。心の中で、本当にありがたいと思っていました。けれど、決して素直な子どもではありませんでした。さぞ、かわいげのないやつだとお思いだったでしょう。二人の子どもを持ってみて、そんなことがよく分かってきました。本当にすまないと思っています」

このエピソードを踏まえて、谷はこう書いている。「この世に生きて、私たちはお互いに傷つけ合っているのです。まともにぶつかって、傷つけ合い、すれ違っても、傷ついているのです。傷はいつもお互いのものなのです。子どもから大人への距離は、大人から子どもへの距離に等しいのです。子どもが大人に対して、近づき難いものを感じている時は、私たち大人もその子どもを、何となく扱いにくいものとしているのです。相互の距離は相互に責任があるのです。」

筆者がある授業でこの話を紹介した次の日、一人の現職院生が筆者の研究室を訪ねてきた。少し興奮気味で、涙目になっていた。その院生は、つい先ほど買い物をしていて、中学校での数年前の教え子とレジで再会したという。彼は、学校ではいつも教師に反抗的な態度をとっていた生徒だった。しかし、久しぶりに会った彼は、笑顔を浮かべ丁寧な言葉で挨拶してくれたそうだ。その院生は、驚きと嬉しさのあまり、思わず「敬語をしゃべれるのか？」と言ったという。「あたりまえじゃないですか」と笑いながら、彼は技師を目指して短大で学んでいると報告してくれたそうだ。それで、その院生はその足で大学に戻り、筆者に「先生、昨日『パン種を蒔く生徒指導』を習ったところだったので、これは先生に是非お伝えしなければならないと思いました」と報告にきてくれたのだった。

できる最善はしっかりと尽くす、そして、それでも結果が出ないときは、「仕方がない」と受けとめ、すぐの結果は断念し、しかし「いつの日にか」という可能性を信じる……。そんな態度が生徒指導では大切であると改めて筆者は思った。

第2章

理解とかかわり

I 児童生徒理解

1 共感的理解

（1）あたまとはら

　『生徒指導提要』には、「生徒指導を進めていく上で基盤となるのは児童生徒一人一人についての児童生徒理解の深化を図ること」「日ごろから一人一人の言葉に耳を傾け、その気持ちを敏感に感じ取ろうという姿勢が重要」「児童生徒の内面に対する共感的理解を持って生徒理解を深めることが大切」と、児童生徒の内面理解の重要性が示されている。生徒指導における「児童生徒理解」「教師と児童生徒との関係性」を考えるにあたっては、人の心の構造を理解することが不可欠である。

　私たちはしばしば「あたま」ではわかったつもりでも、何となく「はら」の底では納得がいかないというようなことを経験することがある。理屈はわかるのだけれども、気持ちが何かすっきりしないという状態である。このような場合の「あたま」が担っている人間の精神活動は、理性的・知性的に物事を考えること、すなわち、さまざまな情報を何らかの法則によって整理したり、筋道を立てて論理的・科学的に考えたりすることだろう。一方、「はら」が人の心の底にある「本当の気持ち」を意味するように、「はら」が担っている人間の精神活動は、理屈ではない、さまざまな感情の動き、情動である。

　「あたまでっかち」という言い方があるように、世の中の物事は、「あたま」の働きだけで、あるいは法則や論理だけで全て説明できるものではない。たとえば人の死の意味をどう受けとめるかなどについては、科学は答えを示してくれない。道標になるのは哲学や宗教などの知恵だろう。だ

から、科学を万能と考え「あたま」だけで考える姿勢は、豊かな感情を伴った人間らしい生き方を見失う危険性を孕んでいるともいえるだろう。

　ちなみに、新学習指導要領では小学校段階においてプログラミング的思考を育成することが示されたが、筆者は「論理的に考えていく力」は「あたま」の働きであって、重要ではあるけれども、現代社会が直面している問題の多くは論理的思考だけでは解決できないと考えている。

　「きちんと喜ぶ。きちんと怒る。きちんと哀しむ。きちんと楽しむ。」これは、コピーライターの田中徹の作品だ。このコピーについて、メガミックス編（2012）『人生を教えてくれた　傑作！広告コピー516』には、「人生をあいまいに生きてる人は、リアクションもあいまいだ。人生をていねいに生きてる人は、自分の感情も『きちんと』表す。」と解説されている。豊かな生き方とは、「あたまでっかち」ではない、豊かな情動を伴う生き方だと言えるかもしれない。

　しかし、一方では、全く「あたま」を働かせず「はら」だけ、つまり感情や直感だけで行動するのも危うい生き方である。そのような姿勢では、たとえば悪霊や祟りなどの言葉を用いて不安を呼び起こし、除霊や供養などの名目で大金を取るにせものの宗教にだまされることにもなりかねない。この場合は、根拠のない迷信に振り回されない、「あたま」での冷静な判断が必要となる。要は、「あたま」と「はら」はどちらも重要な役割を果たしており、相補的に「あたま」と「はら」を働かせることが大切だということである。

　「あたまとはら」は、「建前と本音」「理性と感情」「科学と宗教」という問題にも関連している。また、臨床心理学や精神医学では、人の心の働きを「意識」と「無意識」に分けて考えることが常識であるが、「意識」は「あたま」と関係が深く、「無意識」は「はら」と関係が深いと言えるだろう。無意識を意識で（感情を理屈で）コントロールすることはとても難しいことだ。だから心理療法においては夢分析という方法も用いられるわけである。

　このような、「意識と無意識」という概念を踏まえるならば、生徒指導においては、児童生徒の表面的な言動の背景にある児童生徒の感情を理解することが大切になる。教師は一般的に、**図5**のように、意識レベルで児童

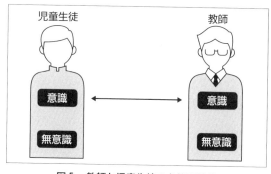

図5　教師と児童生徒の心的関係①

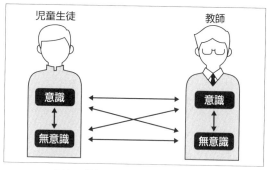

図6　教師と児童生徒の心的関係②

生徒と関わっているとイメージしている。しかし、実際には、**図6**のように、教師と児童生徒が関わりあう際には、二人の間で、あるいはそれぞれの内面で、「意識」と「無意識」の複雑な働きが生じている。

　先にも引用したが、森谷（2000）は、生徒指導や教育相談において、「教師は『心』というとき、『意識』を想定し、一方、生徒は『無意識』のことを訴えている」ことが多いと指摘し、学校は「意識の権化」という側面をもつと述べている。つまり、教育とは混沌とした子どもの心に秩序を与える意識のはたらきであるが、無意識の世界は、あいまいで、混沌とし、はっきりしない、反社会的、無秩序な世界であり、生徒指導の対象となる不登校やいじめ、非行などは、全てこの現教育体制になじまない性質のものばかりであると指摘しているのである。そして、生徒指導を実践するということは、現教育体制になじまない「無意識的領域」の問題に取り組むことを意味していると述べている。

　森谷のこの指摘は、先に言及した石田徹也の絵のテーマ、学校の「監獄」性に関するフーコーの考え方、教育の原罪性等とも関連している。無意識の領域へのまなざしを欠いた建前論やマニュアル化による人間疎外や、秩序維持のための制度運営しか考えない管理教育への警句であるとも言えよう。

（2）感情を受けとめる

　児童生徒の無意識に着目して理解を深めることは、「共感」「感情移入的

理解」と呼ばれることもある。「感情を受けとめる」ことの意味を考えるわかりやすい話がある。アメリカで「捨て子」が社会問題になっていた頃、ある家庭で、5 歳の男の子が父親に次のように質問した。

　「パパ、去年、ニューヨークのハーレムで、捨て子は何人あったの？」父親は、まだまだ子どもだと思っていたのに社会問題に関心をもち始めたのかと嬉しく思い、すぐに調べて答えた。次の日、男の子はまた質問した。「パパ、去年、ニューヨーク全体では、捨て子は何人あったの？」父親は、またすぐに調べて答えた。次の日、男の子はまた質問した。「パパ、じゃ、去年、合衆国全体では、捨て子は何人あったの？」

　大学の授業では、ここで、「この子は、どうして、こんな質問を繰り返すのだろうか」と問いかける。答えが出にくいときは、「質問を繰り返すこの男の子は、どんな感情をもっていると思われるか」とヒントを出す。すると、「不安な気持ち」などの答えが返ってくる。そのとおりである。この男の子の心の中にある感情は、「パパ、ぼくも捨てられるかもしれないの？」という不安だろう。この父親は、3 回目の質問でそのことに気づき、息子を抱きしめて「パパはお前を捨てないよ」と言った。見事な対応だと思う。「何人？」の質問に対する「お前を捨てないよ」という答えは、論理的には全くかみ合っていない。けれども、無意識レベルを想定すれば、このような対応こそが相手としっかりとつながるかかわりであることは明白だろう。

（3）一人一人を大切にする

　十数年前、17 歳の少年犯罪が続き、マスコミが「また 17 歳か」と書き立てる中、クリエイティブディレクターの箭内道彦は、全国の 17 歳を応援する広告で、「がんばれ 17 歳。」というコピーを考えたそうだ。でも、ちょっとストレートすぎて弱いと感じた箭内は、コピーライターの先輩の秋山晶に相談した。1 週間後、秋山から手渡された紙には、「ふつうの 17 歳なんかひとりもいない」と書かれていたという。箭内は、「こころがふるえました。これがコピーなのだ、そう思いました。『何を言うか』だけじゃまだ足りなくて『どう言うか』が大切なのだ。あらためて強烈に痛感した瞬間でした。」と述べている（箭内、2015）。

　筆者も、秋山のコピーは、深い人間観を表している言葉だと思った。こ

の短いフレーズは、「100 人の 17 歳がいたら、100 通りの物語があるのじゃないのか？」「『ふつうの』『健全な』17 歳なんて、世間が勝手に想定しているだけじゃないのか？」「17 歳って、いろんな困難に直面する、難しい年齢じゃないのか？」と、見事に、17 歳の若者への俗っぽいまなざしの問題点を突いている。

　社会学者の上野千鶴子が、フランスの主婦再就職準備講座「ルトラヴァイエ」の創始者であるエヴリヌ・シュルロ Évelyne Sullerot にインタビューし、「受講者の平均的属性は？」と問いかけたとき、シュルロは、「受講生は一人一人、生活歴も、家族構成も、動機づけもちがいます。その人一人一人にいちばん見合った再出発のための手助けをしてあげるのがルトラヴァイエの目的です。私は彼女たちを平均に還元するということをしません」と答えたそうだ（上野、1989）

　「人を平均に還元しない」という言葉は、『生徒指導提要』の「一人一人の児童生徒の人格を尊重する」という考え方を端的に表現していると言えるだろう。

（4）子どもの立場に立って考える

　小学校に入学した児童の学習・生活への適応の支援に関する実践研究に取り組んだ小学校教諭の相原（2020）は、「小 1 プロブレム」について考察する中で、「ふつうの 1 年生なんかひとりもいない」という子ども観・教育観に立った児童理解が大切だとして、以下のように述べている。「筆者は、1 年生の学級を受け持ってきた中で、4 月生まれが多い学級と 3 月生まれが多い学級には差があると実感してきた。学齢という制度では、3 月に生まれたばかりの赤ん坊と、4 月生まれでもうすぐ 1 歳になり、片言を話し出し、つかまり立ちから歩き出し始める幼児とが、同じ学年という括りでまとめられるからである。教師には、子どもそれぞれの発達段階の差をきめ細かく把握し、必要な配慮・支援を考えることが求められるだろう。」

　相原はまた、視写が苦手な児童に対する指導にあたって、児童のとまどいに配慮し、ペンの色を変える工夫を行っている。その児童は、相原が赤ペンで書いた文字をなぞって学習していたが、同僚の助言もあり、薄いグレーのペンに変えた。それを鉛筆でなぞると、グレーの色は目立たなく

なった。プライドが高く、教師に間違いを直されることを嫌うその児童も、薄いグレーのペンで書くと嫌がらず直すことができたそうだ。

　この経験を振り返って、相原は、「私たちの身の回りには、色の効果を利用したものがたくさんある。例えば、赤信号が『止まれ』のしるしであるように、赤い色には『危険』を知らせる意味がある。また、カード会社の決まり事として、督促状には赤色を使わないということを知った。赤色は相手に『圧迫』『強迫』を感じ取らせてしまうからだそうだ。さらにゼミでは、戦隊ヒーローのリーダーのコスチュームのシンボルカラーもほとんど赤であることが話題になり、赤が『先導』『牽引』のイメージを持つのではないかという話になった。このことから、赤色が与える子どもへの心理的影響は大きいことが分かった。教師は、当たり前のように赤ペンでノートやテストを採点し、赤ペンで日記にコメントを残す。しかし、『赤色の効果』を考えると、そのような行為は、脇役であるはずの教師が、主役の子どもの作品に無遠慮にずかずかと踏み込んでいるともいえる。慎ましやかにそっと助けるグレーの色とは対照的である。『子どもの心を大切に』と言いながら、赤ペンという教師の文化は子どもにある種の圧力を与えるものであったともいえるだろう。このような教師の当たり前を問い直すことが、子どもへの適切な支援につながることに気づかされた」と述べている。

　たかがペン、されどペンなのだ。共感的理解に基づく指導・援助は、このような個別具体的なかかわりの中で具現化されていくものではないだろうか。

　要は、「無意識」だの「深層心理」だのと難しい言葉を使わなくても、児童生徒理解においては、児童生徒の言動の背景にある感情を受けとめることが大切だということである。多田（1998）は、医者にとっての聴診器の使い方は単なる診断技術を超えた深い意味をもつとして、「良い医師は聴診器を通して、病変だけではなく患者の心を聞いていたのだ」と述べている。また、七條（2018）は、児童生徒の気持ちを受けとめることについて、「たとえ『答える』ことはできなくても、『応える』ことはできる。」と述べている。

　そのような姿勢で児童生徒と接するならば、たとえば「先生、来月の修学旅行は、行かないとダメですか？」と質問された場面でも、「修学旅行も学校行事の一つだから参加しなければいけない」などと建前を言うのではな

く、その背景に不安やためらいの感情があるのは明らかなのだから、「どうしたの？　修学旅行に行きたくないの？」と返す対応ができるはずだ。そうすれば、「実は……」とそこから対話が展開するだろう。建前を伝えるだけでは、児童生徒は意識レベルでは「やっぱりそうなんだ」と思ったとしても、無意識レベルでは「受けとめてもらえなかった」と感じ、「わかりました」と対話はそこで途絶える可能性が高い。この「わかりました」は、「この先生には相談してもダメだ」「もういいです」という意味にほかならない。

　「感情を受けとめない」というのは、「気持ち、事情、理由を聞こうともせずに叱ったり説教したりする」ということでもある。

　先に紹介した『先生に言えなかった　このひとこと』という本の中に、長野県の21歳の女性の学生の投書が紹介されている。「入試のとき、ピンクのマフラーを、『色気見せた』と激怒したけど、あれは、おかあさんの応援のこもったマフラーだったんです。一生許さないよ、Ｉ先生とＴ先生。」そして、続けて、「私立高校入試の日、とっても寒かったので、いつもは、かゆくなるので、マフラーをしないわたしに、母は、『これはだいじょうぶ』と、自分のピンクのマフラーを貸してくれた。入試の後、先生に呼び出されて、『他校の生徒もいる場所で、目立とうとした。色気か？』と激怒された。理由も聞いてくれず、わたしは、ただ呆然とした。家に帰って話すうちに、涙が止まらなくて、母に八つ当たりした。母は、すまなさそうに、『ゴメンね』と何度も言った。」と添えられている。一方的な指導であるだけでなく、「色気か」などという品のない表現で叱りつける指導に、筆者は強い憤りを禁じえない。

（5）学校教育における「私」と「公」

　教師は「意識の権化」という原罪を背負っているので、どうしてもお説教（理屈・建前・理想）を言いがちである。けれども、児童生徒が教師のお説教に反抗する場合は、お説教そのものが正しいかどうかはほとんど問題ではなく、当たり前のことをウダウダ言われることに反発している場合が多いように思われる。そんな場合は、むしろ、理屈を言わないほうがいいのかもしれない。

　ただし、筆者はいろいろな葛藤を抱えながら高校現場で教師を30年間

務めて、その反省と自負の上に立って教職を論じている。だから、学校教育の難しさをよく知らない者が「学校の先生は理屈を言いすぎる」「学校の先生は話を聴くのがヘタだ」と簡単に教師を批判することには反発を感じる。彼らは時に、「学校は子どもの幸せのためにあるのでしょ」と口にする。しかし、それは学校教育に対する無理解である。

　教育基本法の第1条（教育の目的）に、「教育は、人格の完成を目指し、平和で民主的な国家及び社会の形成者として必要な資質を備えた心身ともに健康な国民の育成を期して行われなければならない。」と示されているように、教育は、「人格の完成（子どもの幸せ）」だけでなく、「国民の育成」、つまり「私」と「公」の両方の問題に取り組むことを目的としているのである。第1章で示した生徒指導の定義「一人一人の児童生徒の人格を尊重し、個性の伸長を図りながら、社会的資質や行動力を高めることを目指して行われる教育活動」でも、「人格・個性」と「社会的資質」という言葉で、「私」と「公」の問題が併記されている。

　この定義について、阿形（2015b）は、「『私』を尊重しつつ『公』の軸を見失わない教育を展開することの重要性を示している」と述べている。このように、学校教育は、「公」のために「私」を抑圧する戦前の滅私奉公のような在り方ではなく、かといって「私」の領域への関心に埋没して「公」をないがしろにする近年の私事化（privatization）と呼ばれるような在り方でもなく、「私と公」の両方を大切にする資質や態度を育むことを目指しているのである。そもそも「幸せ」とは、「公」を無視し、「私」だけを尊重することではないし、「私」を無視し、「公」だけを尊重することでもない。

　「私と公」の統合のプロセスは簡単なものではないので、教師は葛藤しながら、児童生徒に説教もし、耳も傾け、試行錯誤を続けているわけである。だから、「学校の先生は……」式の安直な教師批判は、教育法規への無理解と、現場の教師の葛藤への無理解だと筆者は思う。たとえばスクールカウンセラーは、学校教育の課題を丸ごと引き受ける必要はなく、そこにこそカウンセラーの専門性の意味がある。しかし、その役割分担から生じる特性を自身の「柔軟さ」「優しさ」と捉えるようでは、思い上がりの誹（そし）りを免れないのではなかろうか。山下（2009）は、カウンセラーもプロだが教師

もプロであり、「お互いプロとプロとが連携をとってやって行くにはどうしたらいいのか？　そのことがスクールカウンセラーに課せられている」と指摘している。そして、スクールカウンセラーが「学校の組織の一員であるということを忘れて、専門家であるという意気込みが空回りして、自分だけがその子どもの立場に立っていると思い込み、学校を変えようと独り善がりの正義の人になってもらっては困」ると述べている。

　臨床心理士や公認心理師を目指す院生が、スクールカウンセラーになることを考えるのであるならば、「学校文化を知ること」と「教師をリスペクトすること」を忘れないで欲しいと思う。相手に対する理解と尊重が関係性を生み出すことは、そもそもカウンセリングの基本でもあるはずだ。そんな姿勢が教師との連携につながるのである。

（6）学校は誰のためにあるのか

　「私と公」の問題は、「学校は誰のためにあるのか」という問題であるとも言えよう。学生にこの質問をすると、ほとんどの学生は「学校は子どものためにある」と答える。筆者も、以前はそう答えただろうと思う。しかし、この回答は、教育における「私」の問題には対応しているが、「公」の問題には対応していない。

　氏家（1986）は、学校は生徒のためにあるという考え方が、「公」の視点を欠いた教師の姿勢につながり、結果として生徒を迷わせていると指摘している。さらに氏家（1988）は、中学校の校長として学校運営にあたった際の次のようなエピソードを紹介している。

　ある日、一人の教師が血相を変えて校長室にとび込んできた。話を聞くと、ある生徒の言動に注意をしたところ、「学校は俺らのためにある。セン公は学校があるから月給をもらっている。何で俺らに文句いうのか。」と食ってかかってきたという。その教師も日頃から「学校は生徒のためにある」と考えていたので、次の言葉が出なかったとのこと。そこで、氏家は、次のような話をした。

　「『一人は万人のために、万人は一人のために』という言葉があるように、国民全体の幸福があってこそ、一人一人の幸福が実現される。子どもの気ままを抑制し、修練によって人間としての生き方を身につけさせることは、

国民全体を幸福にするという考え方や生活態度を育てることに他ならない。『学校は俺らのためにある』といって豪語し、教師の指導に逆らうような生徒の誤った行為を反省させ、教え導くために学校はあるのである。そうすることにより日本国民を幸福に導くこともできるし、その生徒を幸福に導くこともできるのである。」

　その教師は、校長の話を理解し、自信のある表情になったそうだ。そして後日、同じような事件が起きたとき、その教師は「学校は君たちのためにあるのではない。日本国民全体の幸福のため、こうした君たちの行動を反省させ、教育するためにある。」と毅然と対応し、生徒たちの態度は急変したという。

（7）学校行事の意味

　「学校は誰のためにあるのか」ということと関連して、「儀式」としての学校行事が誰のためにあるのかという問題についても考えてみたい。

　人は成長していく過程において、人生の節目に伴う通過儀礼を経験する。筆者は、学校における入学式や卒業式も大切な通過儀礼であると考えている。近代以前の社会における通過儀礼は、それを体験することによって、俗人から聖職者へ、あるいは子どもから大人へと、その人の宗教的・社会的地位が決定的に変更され「別人」となるための儀式だった。そこには、象徴的な「死と再生」、つまり「古い自分」から「新しい自分」へと生まれ変わるプロセスが存在していた（ファン・ヘネップ Van,Gennep,A., 1977）。近代社会では明確な通過儀礼は消失したが、河合（1983）は、人生の節目における一定の儀礼の体験は現代も大切な意味をもつと指摘している。

　子どもから大人への通過儀礼は、儀礼を受ける子どもと、儀礼を司る大人によって執り行われるものである。したがって、入学式や卒業式という通過儀礼の当事者は、新入生や卒業生だけではなく、式に参列する大人たちも当事者なのである。「自分が主役」「自分たちのために式がある」という考え方による成人式の一部の若者の愚行は、儀式の意味を理解していない振る舞いである。だから、入学式や卒業式については、大人が見守る儀式としての意味を児童生徒に伝えることが大切だと筆者は考えている。

　2020 年 3 月の大学の学位記授与式（卒業式）は、コロナウイルスの感染

防止のため、全体としての式は行わず、筆者の所属するコースではゼミ単位で行うことになった。筆者は、学位記を事務的に手渡すだけではなく厳粛に式を執り行う必要があると考え、一教室を確保し、「開式」「学歌斉唱」「学位記授与」「学長式辞」「指導教員祝辞」「在校生送辞」「修了生答辞」「閉式」の次第で進めた。「学位記授与」は学長の代行として筆者が授与し、「学長式辞」は筆者が代読した。「指導教員祝辞」「在校生送辞」「修了生答辞」は、全体の学位記授与式では行われないものだが、ゼミ単位という変則のかたちであるからこそ行うことができた。私たちはこうして、「別れの儀式」「死と再生の儀式」を終えたのだった。

　学校の卒業式も同様に、儀式としての重要性をもっている。筆者が高校の校長を務めたときに、氏家の影響を受けて、式辞で「卒業式は誰のために行われるのか」という話をした。その中では、儀式の当事者は卒業生だけでなく、来賓も、保護者も、教職員も当事者であるということを話した。以下、式辞の一部を紹介する。

　　「君たちの右手には、大阪府教育委員会のご代表の〇〇様をはじめ、多数のご来賓の方々にご臨席いただいています。大阪府の教育行政に携わってくださっている方、大阪府の政治にかかわってくださっている議員の方、君たちの出身中学校の校長先生方……、ご来賓の方々は、大阪の未来を担う皆さんのこれからの活躍に期待して、こうして参列してくださっています。高いところからではございますが、心より御礼申し上げます。

　　また、君たちの後ろには、君たちの保護者の方々が見守ってくださっています。保護者の皆様、本日は誠におめでとうございます。君たちはもちろん覚えていないでしょうが、君たちの保護者の方々は、君たちが誕生したときに、心の底からの welcome という気持ちで感動の涙を流し、我が子の幸多き人生を願って命名し、幼稚園・小学校・中学校とさまざまな出来事を経て、感無量の思いで今日の日を迎えられていることと思います。

　　それから、君たちの左手には、恩師の先生方が見守ってくださっています。特に、3年生の担任の先生方は、今日の式をもって、ご自身の

心の中に区切りを付け、寂しさを振り払って、君たちの活躍を祈りながら、新しい生徒との出会いに向けて、心の中の新たな炎を燃え上がらせようとされます。

体育祭の最後、応援団の3年生と1・2年生、託す者と託される者が輪になって、『受け継いでいってくれよ』『頼むぞ』と精一杯の気持ちを込めて、君たちは『次の体育祭』を後輩に託したと思います。同じように、卒業式とは、君たちの人生の先輩である私たち大人が、君たちを取り囲み、本気で、心を込めて、君たちに『次の時代』を託す儀式です。

先日、2012年度に迎える本校の70周年に向けて、関係者の方々との会議を持ちました。そのときに、80周年、90周年、そして100周年ということも少し話題になりましたが、考えてみれば、100周年という節目は31年後のこと、私たち大人が、今の自分の年齢に足し算をしてみると、そのときの本校の姿、そのときの君たちの姿を見ることができるかどうかは微妙であることに気づきました。

司馬遼太郎さんは、1987年に書かれた『二十一世紀に生きる君たちへ』という随筆の中で、こう書いておられます。「私が持っていなくて、君たちだけが持っている大きなものがある。未来というものである。私の人生は、すでに持ち時間が少ない。残念にも、その『未来』という町角には、私はもういない。」そして、渾身の思いで、21世紀を担う若者へのメッセージを残されました。

30年後、40年後……、その町角に、私たち大人はもういないかもしれません。でも、君たちは大人より時間が多い。私たち大人よりたくさんの時間を持っています。そんな君たち、託す君たちがいる、だから、私たちは悲しくありません。

卒業おめでとう。皆さんの幸多き人生と今後の活躍を、心よりお祈りします。」

当時の勤務校のすぐ近くには「司馬遼太郎記念館」があった。司馬の命日2月12日は、彼が菜の花を好きだったことに因んで「菜の花忌」とされ、記念館の敷地内や周辺の町角・通りが菜の花で彩られ、高校も「街に菜の花を咲かせよう2.12菜の花忌」運動に協力していた。そんな関係もあっ

て、司馬の言葉を引用して、「託す儀式」の意味を話したのだった。

（8）理屈抜きで悪いからダメ

　話を「理屈を避ける」というテーマに戻す。川上（1986）は、理屈を言わずに諭すという意味で「気合で叱る」という表現を用い、次のように述べたことがある。たとえば、幼い子どもがタクシーの座席で土足で立ち上がったときに、今どきの親は「運転手さんが見てるよ」というような叱り方をするけれども、理屈で叱ると、「じゃ、運転手が見ていなかったらかまわないのか」となる。そうではなくて、昔の大人は「お天道様が見てるよ」「閻魔様に叱られるよ」など、理屈ではない叱り方をしていた。「ダメなことはダメ」と気合で叱る知恵である。

　河合（1983）は、不特定多数の男性と性関係をもつ女子高校生との面接でのエピソードを紹介している。その生徒は、一向に反省の色を見せず、担任に「自分は自分の意思で楽しんでしていることであり、相手もそれを喜んでいる。そして、そのために誰も苦しんでいる人がいるわけではない。どうしてそれが悪いことであるのか」と反論する。その生徒が河合のところに連れて来られた。河合は、彼女の言うところに耳を傾けた後で、「あなたのしていることは、悪いことだから止めなさい。それがなぜ悪いかなどというのではなく、理屈抜きで悪いから駄目です。」と厳しく言った。すると、彼女は河合の「非論理的な指示」にあっさりと従ったそうだ。「ダメなことはダメ」と叱ったことが功を奏した例である。ただし、河合は、これはおきまりのよい指導というのではなく、「指導が『うまくゆく』ときは、指導される側に『とき』が熟していることが必須の条件なのである」と述べている。

　担任が振り回されながらも関わり続けたこと、河合がまずは彼女の言い分に耳を傾けたことが「とき」が熟すことにつながったことを見落としてはいけない。

　生徒指導においても、状況によっては、理詰めでくどくどと指導するのではなく、「学校ってそんなところじゃないかなあ」「それが世の中というものだろ」など、あえて理屈になっていない言い方をするほうが、児童生徒に届く場合があるように思える。

（9）同型的共感

　以上、無意識の領域を想定した児童生徒理解について述べてきた。カール・グスタフ・ユング Carl Gustav Jung は、人の無意識のより深い領域には、普遍性・共通性をもつ普遍的無意識（集合的無意識）があると考えた（Jung, C.G., 1976）。

　ユングのこのような考え方に立つと、児童生徒と教師との間で、お互いに無意識レベルにまで深まった心の交流が生じ、深い人間関係（信頼関係）が生じた際には、共に共通のテーマ（勉強とは、仲間とは、家族とは、生きることの意味とは……など）を考える、「共に感じる」「共に見つめる」という様相を呈する（**図7**）。このように、関わりあう二人の間に共通の原型（テーマ）が共有される状態を、筆者は同型的共感と呼び、深い共感とは同型的共感の状態に至ることであると考えている。

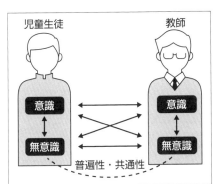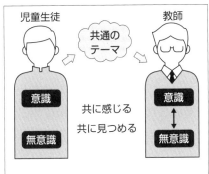

図7　同型的共感

　サン＝テグジュペリ Saint-Exupéry（1955）は『人間の土地』で、「愛するということは、おたがいに顔を見あうことではなくて、いっしょに、同じ方向を見ることだ。」と述べている。この文章は、民族間の対立の中で述べたものだが、人間関係に関しても示唆に富む。

　学級の人間関係づくりの実践研究に取り組んだ小学校教諭の和泉（2019）は、サン＝テグジュペリのこの言葉を踏まえて、「互いに見つめ合う『かかわる関係』はもちろん必要なことではあるが、そればかりだと、相手のことばかり気にする人間関係になるかもしれない。相手の顔色をう

かがったり、相手の言動に不満をもったりすることも起きてくるだろう。（略）共感する関係は『共通の対象』に互いが目を向ける関係である。学校現場で置き換えるなら、授業や学級の雰囲気などについて、どうしていきたいかという共通の目的をもつことで、教師と子どもが意見交換しながら築かれる関係である。」と述べている。

　また、小佐田（2011）は、落語家の桂枝雀が語った境地について、「少し前までの桂南光の落語は登場人物の背後で、人形遣いの南光の『どうです。効果的に笑えまっしゃろ』という顔がチラチラと見えていることがあった。これは才能のある人が陥りやすい傾向で、客の立場からいうならば『笑わされている』という意識が心のどこかに残ってしまうものだ。だがここ数年の南光の高座は、師匠の桂枝雀が言っていた『お客さまを笑わせているのではなく、笑われているのでもなく、ともに笑っている』という境地に入りつつあるように思える。」と述べている。実際、枝雀は、独演会で「ともに笑う」状態に至る中で、時に、演者であることから離れて思わず自身が吹き出してしまう場面まであった。そして、そのことがさらに客席と「ともに笑う」関係を深めていた。

　大江（1978）は、「小説を作り出す行為と、小説を読みとる行為とは、与える者と受ける者との関係にあるのではない。それらは人間の行為として、両者とも同じ方向を向いているものである。」と述べている。「同じ方向を見る」「ともに笑う」「同じ方向を向いている」、いずれも、「共に感じる」という同型的共感を意味しているのではないだろうか。

2　教育相談担当教師とスクールカウンセラー

（1）別れるために深く出会う

　筆者は、2010年に大阪府の府立高校の校長に着任した際、ホームページに、「別れるために深く出会う」というタイトルの挨拶文を書いた。高校生活のゴールは「卒業」、すなわち、「恩師との別れ」であり「朋友との別れ」である。そうであるなら、3年間の高校生活とは、いずれ別れていくためにこそ、師と友との深い関係を築いていく時代であるとも言えよう。「別

れ」といっても、それは「関係の切断」ではなく、師や友との関係を大切な宝物として心の中に抱いて、大人になっていくこと、自立していくこと、社会に参画していくことである。

　この「別れるために深く出会う」という言葉は、筆者が鳴門教育大学大学院の生徒指導コースの現職院生として、教育相談や臨床心理を学んだ中で思い浮かんだ言葉だ。カウンセリングの「ゴール」とは「終結」、つまり、クライエントが自らの問題を何らかの意味で解決し（あるいは受け入れ）、カウンセラーと「別れる」ことである。そこからの連想で、筆者は、教師と児童生徒の関係においても、「卒業」という「別れ（自立）」を目指すために深い関係を築くという観点が重要であると考えた。そのような考え方に立つと、教師－児童生徒関係においては、できるだけ長く関係性が継続し深まっていくことを是とする一般的な友情・恋愛・信頼関係とは異なるかかわりの専門性が求められることがわかる。

　「別れる」ためのかかわりの要点は、自立を妨げ、関係を固定化する方向に働く依存関係にならないように留意することである。別の言い方をすれば、教師と児童生徒の「距離」に敏感でなければならないということだ。距離が遠すぎて内的な相互交流が生じないのではなく、また、距離が近すぎて馴れ合いの関係になるのでもなく、児童生徒との「動きのあるほどよい距離」を模索することが重要になるということである。

（2）転移という視点

　児童生徒との「ほどよい距離」を考える際には、臨床心理学における「転移（感情転移）」の概念が参考になる。転移とは、心理療法において、クライエントが、自分の両親など幼児期に出会った人物に対する感情や態度をカウンセラーに投げかけることである。転移には、嫌悪・拒否・反発・抵抗・軽蔑などの否定的感情を示す陰性転移と、好感・好意・甘え・依存・尊敬などの肯定的感情を示す陽性転移がある。

　筆者が作った教材に、「児童生徒が次のような態度を示したとき、あなたはどんな気持ちになりますか。また、その児童生徒に対応する際に、どんな点に注意すべきだと思いますか。」というワークシートがある。具体的には表8のような状況を例示している。

普通は、前者の陰性転移に対しては教師の側に否定的な感情が生じ、後者の陽性転移に対しては教師の側に肯定的な感情が生じるものだろう。

表8　転移を考えるワークシート

・児童生徒から、「うざい」「かまわないでくれ」「向こうに行け」「お前の言うことなど聞かん」「つまんない奴だなあ」などの強い否定的な言葉を向けられたとき。
・児童生徒から、「先生に出会えて嬉しいです」「先生が好きです」「先生といるとホッとします」「先生は本当にすごい人だと思います」などの強い肯定的な言葉を向けられたとき。

　しかし、陰性転移の背景には、児童生徒が「先生は自分を大事にしてくれない……」「先生なんか信用できない……」という傷つきやすさや孤立感がある可能性がある。したがって、教師が怒りの感情のままに叱りつけると関係を台なしにしてしまうかもしれない。また、陽性転移の背景にも、児童生徒が、「先生しか頼れる人はいない……」「先生に見捨てられたらどうしよう……」という不安や絶望感がある可能性がある。したがって、教師が舞い上がってしまうと、教育に必要なほどよい距離を見失ってしまうかもしれない。特に、「陰性転移」という概念を知っていれば、教師に対する児童生徒の反抗や暴言に対しても、激昂しキレてしまったり、ひどく傷ついてしまったりすることを回避できるのではないだろうか。

（3）メサイヤ・コンプレックス

　教師やカウンセラーなどの「他者の役に立つ」専門職は、「メサイヤ・コンプレックス」にも注意する必要がある。メサイヤとは「救世主」のことで、他人を「救いたがる」傾向が強いこだわりを「メサイヤ・コンプレックス」という。河合（1971）は、慈善の行いは慈善であって、それが何コンプレックスに基づいていようと、そのこと自体の価値と関係ないけれども、その慈善の在り方が、他人にほどこすために家族を顧みないとか、しなくてもよい親切の押し売りをしているとかになってくると、それによる害を受けている人が生じてくるので問題である、と指摘している。そして、

「他人の為に尽くそうとする善行の陰に、劣等感コンプレックスの裏返しが存在していることを、自ら認めることはつらいことである。カウンセラーになって、悩める人のためにつくしたいと思う人は、先ず自問しなければならない。『先ず救われるべき人は、他人なのか、それとも自分なのか』と。」と述べている。

　これを学校教育にあてはめると、「教師になって、児童生徒のためにつくしたいと思う人は、先ず自問しなければならない。『救われるべき人は、児童生徒なのか、それとも自分なのか』と。」となる。児童生徒のために熱心に頑張る教師の一生懸命さも、実は自身の内面の不安定さをカバーするための「メサイヤ・コンプレックス」に基づくものであるかもしれない。そうであっても、河合が述べているように、熱心であること自体の価値とは関係ないけれども、その熱心さが何らかの害を生むようであれば、やはりコンプレックスと向き合う必要が出てくるだろう。

　このように、臨床心理学やカウンセリングの考え方は、教師が児童生徒に関与することの意味を考える上で大きなヒントになる。しかし、教師はカウンセラーではないし、カウンセラーとは異なる教育者としての責務を担っている。そのため、「教育の論理」と「治療の論理」の狭間での葛藤に直面することもあるが、教師としての自覚を失ってしまっては、教育における児童生徒とのかかわりは深まらない。

（4）教育相談担当教師の当事者性と能動性

　生徒指導・教育相談においては、「教師にはできないがカウンセラーにはできること」を整理して、できないことについてカウンセラーと連携することが大切である。また、「カウンセラーにはできないが教師にはできること」を整理して、児童生徒に対して教師ならではの特徴を生かした援助を行うことも大切である。

　阿形（1994）は、教育相談を担当する教師とスクールカウンセラーのそれぞれの特徴（利点・限界）を**表9**のようにまとめている。表中の○は「行いやすい、実行が可能」、×は「行いにくい、実行が不可能」、△は「ある程度行える、条件付で実行可能」を意味する。

　「ア、児童生徒の日常の学校生活の観察」「イ、児童生徒をとりまく環境

表9　教育相談担当教師とスクールカウンセラー

内　　容	教　師	カウンセラー
ア、児童生徒の日常の学校生活の観察	○	×
イ、児童生徒をとりまく環境の把握	○	△
ウ、学級・部・友人等の集団の活用	○	×
エ、児童生徒・保護者との気軽な接触	○	×
オ、危機介入	○	△
カ、秘密保持	△	○
キ、専門的知識・技量による対応	×	○
ク、見立て・見通し・手立て	△	○
ケ、心理テスト	△	○
コ、カウンセリング	×	○
サ、治療契約・治療構造	△	○
シ、校則・内規等にとらわれない対応	×	○
ス、協働性	○	△

阿形（1994）をもとに一部修正

の把握」は、教師が学校において担任・教科担当・部顧問等として児童生徒と日常的に接する立場にあることによる利点である。たとえば学級の雰囲気や、児童生徒の中でどんなことが話題になり流行しているかなどの状況については、教師のほうがより情報を得やすい立場にある。そのような教師の特性を、阿形は「当事者性」と呼んでいる。さらに、自主来談を待つだけでなく、呼び出し面接や家庭訪問、友人関係の調整等、教師の側から働きかけることができる点を阿形は「能動性」と呼んでいる。この「当事者性」「能動性」を活かした教師ならではのかかわりが「ウ、学級・部・友人等の集団の活用」である。教師は、児童生徒個人だけではなく児童生徒集団とのかかわりをもつので、集団づくりの中で個に対する援助を図ることができる。

　藪添（1990）は「先生方はクールな分析ではないホットな想いというアマチュアリズムの利点を発揮できる」と指摘している。そして具体的な援助の方法として、東山・藪添（1992）は、「待ち抜き法」「家庭科室だべり

法」等を挙げている。

「待ち抜き法」とは、常に同じ場所で、一定時間（1時間程度）、周期的に（毎週1回など）、待っていることを子どもに知らせておいた上で、子どもを待ち続ける方法である。そうすることによって、見守る者の存在を示すわけである。藪添は、不登校や場面緘黙等を「待ってくれない」ことに対するアンチテーゼと捉え、教師の積極的なアプローチを拒否する児童生徒のために「待ち抜く」ことは意味があると述べている。そして、待ち続ける間に起きる教師の心の変化にも注目している。待っている時間に、教師はその生徒についてあれやこれやと思いをめぐらすだろう。来るか来ないかわからない状態の中で、教師は、期待と不安、信頼と疑心の間で揺れるだろう。そのことが児童生徒理解を深める上で意味をもっているのではないかと筆者は考えている。

「家庭科室だべり法」とは、放課後に家庭科室を開放し、「〇日の何時から何時まで、家庭科室でパーティが開かれます。興味のある人は友だちを誘っていらして下さい。」と案内し、やって来た生徒と一緒におしゃべりをしたり食べたりする方法である。東山は、主に非行の子どもたちは「家なき子」が多いので、「家庭科室」に家庭的な雰囲気（雑談と笑いがある、外に開かれている）のグループを自然につくることが大切だと述べている。

このように、教師には「当事者性」を活かした教育相談的援助が工夫できるものだ。「家庭科室だべり法」では家庭科室を「家庭的な場、安心できる居場所、ホーム」として位置づけている。学級も「ホームルーム」と呼ばれるように、児童生徒にとっての「家庭的な場、安心できる居場所、ホーム」としていくことが重要である。

「エ、児童生徒・保護者との気軽な接触」については、カウンセリングはその非日常性ゆえに、児童生徒や家族が抵抗（拒絶・逡巡・戸惑い）を示すこともあるが、教師の場合は治療者としては認知されないので抵抗が少ないことを意味している。また、教師と児童生徒は治療契約を結ぶ関係ではないので、相談時間や面接時期を自由に設定できる利点もある。

「オ、危機介入」については、教師は児童生徒と日常的に接しているので、危機の兆候を見逃さずに発見し、迅速に対応しやすいということである。

ただし、その場合に重要なのは、児童生徒にとっての危機を教師の一方的な価値判断で「何をつまらないことで悩んでいるのか」「そんな些細なことにこだわらなくてもよい」などと軽視するのではなく、危機の深刻さを共感的に受けとめることができるかどうかという点である。危機は必ずしも明白なかたちで表出されるわけではないので、ちょっとしたサインを見逃さずに危機を読み取るセンスが問われる。

（5）学校教育相談における守秘の問題

　「カ、秘密保持」は、心理療法においても教育相談においても大原則であり、そもそも一般的な人間関係においても、「この人だからこそ」と打ち明けられた内容は他人に漏らさないのが道理である。けれども、教師が行う教育相談は校務分掌の中に組織的活動として位置づけられており、また、児童生徒の状況を説明することが指導方針の決定や単位認定、進級・卒業の判定等に関わってくることがあるため、会議での報告や討議が必要となることがある。したがって、心理療法における秘密保持の原則をそのまま学校現場に当てはめると、かえって組織的な広がりの妨げになる場合も考えられる。

　浪花（1983）は、担任が「自分の学級の児童生徒が自分以外の教師のところへ相談にいっていることを知れば、不安と驚愕に陥ることはいうまでもない。相談担当者はこの学級担任の悲哀を理解し心に留めておかねばならない。」と指摘している。また、河合（1992b）は、「相談室内における『秘密』ということが、周囲にある程度の脅威を与えているということを、学校カウンセラーは自覚していなくてはならない。」と指摘している。このように、カウンセラーや教育相談担当教員は、守秘が他の教員に与える影響にも気を配る必要があり、心理療法における守秘原則を杓子定規に学校教育相談にあてはめることには問題がある。ちなみに、実は心理療法の場合でも、カウンセラーを目指す研修生や経験の浅いカウンセラーが経験豊富なカウンセラーから助言を受ける「スーパーヴィジョン」の場や、実際の事例を検討する「ケース・カンファレンス」の場では、情報を関係者の中にとどめることを厳格にした上で相談内容を出して話し合うことがある。したがって、学校教育相談においても、「一切外に漏らさない」あるいは「個人で抱えずに全て報告すべき」といった両極端の考え方はいずれも

好ましくない。

　「王様の耳はロバの耳」の寓話が示しているように、「私だけが知っている」という秘密を抱え続けるためには心のエネルギーを必要とするので、教師は「組織的取組」「報連相（ほうれんそう、報告・連絡・相談）」という大義名分を理由に、秘密保持の負荷を安易に回避してしまう場合もある。しかし、職員室での雑談の中で、何の緊張感ももたずに、自分の関わった生徒のことを他の教員とダラダラと話題にするようなことは慎むべきである。一人で抱え込むことにも問題があるが、相談に関する情報を他の教員に伝える場合は、どういう意味でその必要があるのか、どこまで伝えるのかなどを充分に考慮する必要がある。

　高校教諭の西野（2013）は、学校教育相談の組織的活動の推進に取り組む中で、医療機関・相談機関とは異なる学校教育相談における守秘の問題について、**表 10** の視点を教職員に提案し、秘密保持と情報共有のジレンマの解消を図っている。

（6）関わる責任

　「秘密」に関してもう一つ重要なのは、教師として、あるいは教育相談係として知りえた情報を扱う際に、「何のために話し合うのか」「どのように関与するのか」という視点を失わないことである。筆者が教育相談を担当していたとき、ある不登校生徒のことが相談室会議で取り上げられた。そして、その生徒の家庭状況について話し合う中で、「わずかなお金しか子どもに与えない母親」のことが話題になった。実はその生徒は、筆者の遠縁にあたる生徒だった。そして、確かに、この母親はお金のことについては厳しい人であるということを親戚から聞いたことがあった。けれども、相談室でそのことが話題になり、少し笑っている教員もいる様子を見ていて、筆者は少し釈然としない気持ちになった。親戚である者が「あの母親はケチだ」などと口にすることとは意味が違うと思ったからだ。親戚は何があろうとその関係は切れることはない。その前提で「内輪の話」をする。しかし教員は親戚ではない。だから「何のために話し合うのか」「どのように関与するのか」という視点を欠いて「世間話」的に他者の家族のことを話題にするのは問題ではないかと筆者は感じた。厳しく言えば「大きなお世

表10　教育相談における守秘について

・教員には学校内で知り得た個人の情報を学校外に洩らさないという一般的な守秘義務が求められる。

・教育相談では、一般的な守秘義務に付け加えて、「相談上の秘密」という観点での配慮が必要となる。

・病院やクリニック等の医療機関・相談機関における守秘義務とは異なり、教育相談では一人の生徒に複数の教員がかかわるので、教員が協力して生徒を理解・援助するために情報の共有が重要となってくる。そのため、「相談上の秘密を守る」ことと、「生徒情報を共有する」ことのジレンマの中で、共有すべき情報を取捨選択し提供することが必要となる。

・その際、all or nothing の考え方ではなく、「どのような表現でどこまで伝えるか」を工夫することで、守秘と情報共有のジレンマを一定程度解消することも出来る。

　　　例：女子生徒がある男子生徒との交際について悩んでいると相談があった場合、

　　　①1年1組の〇〇〇〇（実名）との交際で悩んでいる。

　　　②1年1組の男子生徒との交際で悩んでいる。

　　　③1年生の男子生徒との交際で悩んでいる。

　　　④異性の友人関係で悩んでいる。

　　　⑤友人関係で悩んでいる。

　　　（番号順に、相談内容が抽象化され、具体性が省かれていく）

話だ」ということだ。この経験を通じて、筆者は、教師が児童生徒やその保護者の情報を扱う際には、その目的と責任を自覚することが常に求められるということに気づいたのだった。

（7）心の専門家とは

　「キ、専門的知識・技量による対応」については、心の深層に踏み込む可能性のある心理療法に、臨床心理士や公認心理師のような専門性・資格をもたない教師が手を出してはいけないということである。ただし、筆者は、「人が他者を理解する」「人が他者に共感する」「人が他者を支える」能力は、人が人と関わる際の人間本来の資質であって、ライセンスがないと絶対に

行ってはいけないとは思っていない。素人が手を出してはいけないのは心理療法であって、人とのかかわりまで避けなければいけないわけではないと考えている。

　近年、マスコミ等でカウンセラーが「心の専門家」と称されることがあるが、筆者は「心の専門家」というのであれば教師も「心の専門家」だと思っている。筆者自身の教師生活を振り返ると、児童生徒とうまく関係が築けなかったこともちろんあったが、少なくとも「心ない教育」などしたつもりはない。だから筆者は、カウンセラーを目指す学生に対して、「自分たちだけが"心の専門家"だと思いあがってはいけない。正確に言えば君たちは"心理療法の専門家"なのであって、その専門性の限界をわきまえるとともに、学校の先生方のような"心の専門家"へのリスペクトも忘れないでほしい。」と話すことがある。また、教師を目指す学生に対しては、「"自分は専門家ではないから"という口実で教師としてのかかわりを放棄したりカウンセラーに丸投げしたりしないでほしい。言うまでもないが、学校教育に関する専門家、児童生徒のことをよく知っている専門家は教師であるという自負を忘れないでほしい。」と話すことがある。

　阿形（2018）は、「専門家には、『教育の専門家』『心理の専門家』『福祉の専門家』など、さまざまな専門家がいます。けれども、『我が子の専門家』は、お母さん・お父さんであるはずです。以前にこんな話を聞いたことがあります。あるカウンセラーの方の講演を聞いて、感動したお母さんが、『私も明日から、カウンセリングマインドで子どもに接します。』とおっしゃったそうです。それに対し、そのカウンセラーの方は、お母さんのその気持ちに理解を示したうえで、『でも、そんなことをしたら、子どもさんは、一人の新しいカウンセラーを手に入れて、お母さんを失ってしまうことになりますよ。』とおっしゃったそうです。保護者の皆さんには、連携を躊躇しないと同時に、『我が子のいちばんの専門家』としての自負と感覚をどうか大切にしていただきたいと思います。」と述べている。

　同様に、教師がカウンセラーの真似事をやってしまっては、児童生徒は、一人の新しいカウンセラーを手に入れて「先生」を失ってしまうことになる。川上（1984）は、「子どもが学校カウンセラーを訪ねるときは、彼らは、

何も白紙の存在である『治療者』の救いを求めてきているのではなく、学校生活を中心とする自分自身の生活場面の実情をよく承知してくれている『先生』の助けを求めにきているわけである」と指摘している。

（8）無意識への無頓着

　教師は安易にカウンセリングの真似事をしてはいけないけれども、臨床心理の基本的な考え方を理解しておくことは重要である。人の心の構造に無頓着な対応では、児童生徒理解や生徒指導は深まらない。

　大学の模擬授業で使われた小学校3年生の国語の教材について、筆者は教科書の「無頓着」が少し気にかかったことがあった。単元は「修飾語」で、本文の最後にいろいろな修飾語を考える例題が3問示されている。

　　　・（主語）客が、（述語）来た。
　　　・（主語）山田君は、（述語）打った。
　　　・（主語）お父さんが、（述語）食べる。

　これらの文章に修飾語をつけるという課題で、解答例として

　　　・多くの客が自宅に来た。
　　　・となりのクラスの山田君は、ホームランを打った。
　　　・わたしのお父さんが、おいしそうにおにぎりを食べる。

が示されている。おそらく国語科教育法の枠組みでは、解答によって、児童が自身の内面の問題（不安・苦悩・葛藤・コンプレックス……）を意図せずに出してしまう可能性があることなど全く想定していないと思われる。しかし、この例題はある意味で、心理テストの一つである文章完成法（SCT）に通じるところがあり、内面の問題が表面化する可能性は十分に考えられる。SCTは言語連想検査から派生したもので、提示される問題には、

　　　・私はよく人から………
　　　・家の人は私を………

などがあり、被検者は………の部分を補って文章を完成させる。そして、その文章に投影された心理を読み解く心理テストである。だから、結果的にSCTと同じような意味をもつ「修飾語」の単元の例題に、筆者は「無頓着」を感じたわけである。

　ただし筆者は、このような教材は使うべきではないと言いたいわけでは

ない。以前、あるカウンセラーが教条的に「人の無意識の領域に素人が触れてはいけない」と言うので、筆者は反発を覚えたことがあった。そもそも、ニュートン以前からリンゴは落ちていたように、心理療法が生まれる以前から人の心（意識と無意識）はあった。だから、対人関係において人は否応なしに他者の無意識の領域に触れざるをえないものだ。無意識の領域に一切触れないかかわりのほうがむしろ非現実的である。だから、無意識へのかかわりは「専門家」だけが占有すべきだという考え方に筆者は疑問を感じる。筆者の考えは、無意識の領域に「無自覚に触れてはいけない」「無頓着に触れてはいけない」ということである。だから、先ほどの国語の教材を使う際も、「ちなみに、皆さんが考えた答えは、あとで発表してもらうので、他の人にはあまり知られたくないことなどは書かなくていいですよ。」などのコメントを添える、あるいは、児童の解答の中で気にかかったことがあれば後で声をかけてみるなど、心の内面が意図せずに表面化することへの教師の配慮が必要だと思うのである。

（9）見立て・見通し・手立て

　「ク、見立て・見通し・手立て」について、病理的な診断や所見には専門的知識が不可欠であり、教師では対応できない（対応すべきでない）。けれども、たとえば「問題の意味するものは何か」「問題が今後どう展開するか」「専門機関との連携が必要かどうか」などについての教師としての一定の見立て・見通し・手立てをもつことは必要である。その際には、問題の背景を把握することが重要になる。

　筆者の同僚の小坂浩嗣は、**表 11** のような児童生徒理解の Finger Check List を考案している。その趣旨は、心理療法と同様に児童生徒理解においても、児童生徒の問題を総合的に捉えることが重要だということである。ただし、留意すべきは、これらの要因の中から単線的な因果論で原因を探す

表 11　児童生徒理解の Finger Check List

中　　指 …	中心。本人の特性。
親　　指 …	親。親子関係、家族関係。
人差し指 …	人。対人関係、友人関係。
薬　　指 …	薬。身体面の問題、既往歴。
小　　指 …	小さいころ。生育歴。

のではないということだ。たとえば「親指」ということで考えると、子ども
もが幼いときの母子関係は確かに重要である。しかし、1980年代に流布し
た久徳(1979)の「母原病」(夜尿症やチックなどの子どもの問題が母親の
育て方に起因するという考え方)という言葉が使われなくなったように、
「母親に問題がある」と指摘したところで問題の解決にはつながらない。
近年よく教育現場で使われる「愛着障害」という概念も、1歩間違えると、
「母原病」と同じ轍を踏むのではないかと筆者は危惧している。

　大学院の事例検討の授業で、ある不登校生徒の事例についてディスカッ
ションしたときに、「高学歴の両親がこの生徒に、学力的には厳しい医学部
への進学を求めていることが本人を苦しめている。」という話になり、「親
が悪い」という雰囲気が漂った。そこで、筆者は、意図的に、「親が原因だ
というのなら、妹さんも不登校になるはずだけど、そうではないよね。」
「医者であるご両親が、自分の職業に誇りを持ち、できるならば我が子にも
その道をめざしてほしいと願うこと自体まで、非難されるべきことなのだ
ろうか。」と問いかけたこともあった。単純に「親が原因」と捉えることへ
の戒めのためだった。

(10) 布置を読む

　河合(1983)は、原因探しはしばしば「悪者探し」となり、大人たちは
とかく自分以外の者を悪者に仕立てようとすると指摘している。そんな姿
勢からは、「教師として自分はどのように関与するか」という発想は生まれ
ない。だから河合(1992b)は、単純な因果論で考えるのではなく、「事象
の非因果的連環を読み取る能力を持つこと」が大切であり、「因果律的思考
を放棄してなおかつ自分の存在をそこに賭けることができるようにしたい
と願っている」と述べているのである。

　ユング心理学の鍵概念の一つにコンステレーション constellation(布
置)がある。河合隼雄(1986b)は「すぐに原因と結果とを結びつけるので
はなく、いろいろな事柄の全体像を把握することを、コンステレーション
を読む、と言っている。」と述べている。布置とは、本来は「星の配置」「星
座」を意味する言葉である。一見、無関係に見える夜空の星の配置を、全
体として(星座として)見ると何らかの意味をもってくる。そこで、心理

臨床では、クライエントの
問題を考えるにあたって、
その人個人にだけ着目する
のではなく、クライエント
（主星）を取り巻くさまざ
まな問題（星）の配置全体
に目を向けることで、クラ
イエントが直面している問
題の意味・物語を読み解こ
うとするのである。大切な

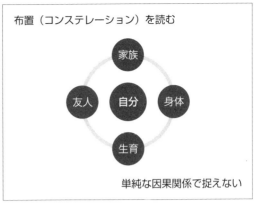

図 8　布置を読む

のは、**図 8** のように、全体的な事象としての意味を考えることである。教
師は「父親が厳しすぎるのが原因だ」「お母さんが干渉しすぎるからだ」な
どとつい口にしてしまうことがある。しかし、先ほど述べた「母原病」な
どのように、母親という星だけを見て本人（主星）との因果関係を考える
ような発想は、布置という考え方とは相容れないものである。

(11) 家庭訪問と見立て

　先に、教師の見立て（見通し・手立て）の必要性について述べたが、家
庭訪問を行う際も、一定の見立てをもつことが重要である。

　カウンセラーは多くの場合、ロジャーズ Rogers, C. R. のいう「クライ
エント中心」という姿勢、つまりカウンセラーがクライエントを操作的に
何らかの方向に導いて「治す」のではなく、クライエント自身が自ら「治
る」ことを見守り援助するという姿勢をベースにする。カウンセラーが方
針を決めるのではないということである。しかしそれは、「出たとこ勝負」
で面談するということを意味するのではない。カウンセラーは、それまで
のカウンセリングの展開を念頭に置きつつ、その回の面談の方向性につい
ての一定の見立てをもった上で面接に臨む（もちろんその見立てがずれて
いると感じたときは、その都度、臨機応変に対応する）。

　しかし、教師が家庭訪問を行う際には、「何のために」「どんなテーマで」
「今回はどこまで」などを整理せずに漫然と会うことがよくある。そこで、
学校教育相談の在り方に関する実践研究に取り組んだ中学校教諭の松井

(2018) は、教員が見立てをもった計画的な家庭訪問を行うことができるように、記録シート「家庭訪問にあたって」を作成した。その冒頭には、**表12** のような説明を載せている。

表12　記録シート「家庭訪問にあたって」説明文

これまでの私を振り返ってみると、生徒や保護者を前にしたときに、「間をつながなくてはいけない。」「沈黙をつくってはいけない。」と考えてしまい、ついつい言わなくてもいいことを話してしまい、生徒や保護者に余計なプレッシャーを与えてしまったことが多くありました。大学院で生徒指導や教育相談について学ぶ中で、課題を抱える生徒やその保護者と話すときには、

　　・目的を明確にすること

　　・こちらが話すことを事前に整理しておくこと

　　・沈黙をおそれず言葉を待つこと

　　・短い時間できりあげることも大切であること

このようなことが重要であると気づかされました。これらを意識すると生徒や保護者と関わる上で相手に安心感を与える落ち着いた対応ができるかもしれません。

　そして、記録シートには、「今回の家庭訪問の目的」「こちらが伝える内容は」「生徒や保護者から出た言葉や思い」の三つの欄を設け、最初の二つの欄については、事前に整理して記入することを提案した。たとえばある不登校生徒を引き継いだ新担任は、最初の家庭訪問にあたって、松井の助言により、「今回の家庭訪問の目的」を「最初の顔合わせと信頼関係づくりの端緒」に絞り、「こちらが伝える内容は」については「担任の自己紹介と、新学年になって学校に望むことについての質問」に限定した。その結果、新担任は、「何か指導しなければ」というプレッシャーや「何を話せばいいんだろう」という不安が解消され、安定して家庭訪問を行うことができたということである。このように、教師にとっても、児童生徒とのかかわりにおける一定の見立ては重要な意味をもっている。

(12) 心理テストの活用と留意点

　「ケ、心理テスト」は、心理学的な検査法としてのテストだけではなく、

児童生徒理解や問題の早期発見等を目的として学校専用に開発されたアンケート調査等も含めている。しかし、果物ナイフがリンゴの皮を剥くことができる一方で人を刺すこともできるように、心理テストも検査者の使い方次第で何かの役に立つこともあれば人を傷つけることもあることを忘れてはいけない。心理テストはあくまで生徒理解の補助的手段であり一材料にすぎないという認識が大切であり、教師－児童生徒の関係性が深まり発展する方向で活用されてこそ意義がある。

　学校教育相談の在り方に関する実践研究に取り組んだ高校教諭の木屋村 (2013) は、開店休業状態だった勤務校の相談室を活性化するために、生徒が相談室に足を運ぶきっかけとなる「自分らしさ発見プログラム」を企画した。そして、プログラムの一つとして質問紙法の心理テストに基づく性格相談を実施した。これは、希望者を対象に質問紙法の性格検査を実施し、相談室で検査結果を伝え、その際に話題が学校生活や自分自身のことに広がっていった場合は教育相談を展開するという取組である。

　藪添 (1991) は、「健康な高校生は、純度の高いカウンセリングに脅威や抵抗を覚えるようである。それは、『会うために会う人間関係』であるからである。だから、彼らは最初のうち『先生と生徒』の関係に固執する」と述べている。児童生徒にとっては、教師に直截的に「悩み」を打ちあけることは敷居が高いけれども、「自分をもっと知る」というテーマであれば気軽に話ができるものだ。

　性格相談の実施を教職員に伝えるにあたって、木屋村は、「私は臨床心理士や精神科医ではありませんので、『治療者』としてではなく、あくまで『教員』として生徒と向かい合います。この性格検査を行う目的は、専門的な解釈・分析により治療の手がかりを得ることではなく、生徒とともに『自分とは何者か』ということを考えていく『対話の入口』にすることです。このプログラムがめざすものは、あくまでも本人の『自己』判断に基づく『自分』自身の把握であり、個々の生徒が『自己像』に焦点をあてていくことです。そして、このプログラムへの参加をきっかけに、生徒達にとって、相談室が開放的な位置づけになればよいと考えています。参加してみようと思った動機や、その結果について話をすることから、話題を学校生活に

広げていくことができるのではないかと感じています。先生方からも、ぜひご紹介いただければと思います。」とその趣旨を説明している。

　性格相談には十数名の生徒が参加し、そのうちの数名の生徒は、本人が今抱えている悩みや問題を話したということだった。

　この性格相談は、筆者が最初に勤務した大阪府立藤井寺高校の教育相談室が1980年代に実施していたものをモデルとしたものである。藤井寺高校では100名を超える生徒が性格相談で来室した。このことからわかるように、思春期・青年期の生徒は「自分の性格」「自分らしさ」に大きな関心をもっている。

　ただし、生徒が検査結果を鵜呑みにしてしまったり、検査結果に振り回されたりすることには留意する必要がある。そこで、藤井寺高校の教育相談室の教員は、**表13**のマニュアルに沿って性格相談を実施した。

表13　性格相談マニュアル

① 学年・組・氏名を確認し、ファイルボックスから性格検査の結果シートを出す。検査結果に生徒が影響されないように、検査結果シートは生徒には見せない。

② 性格検査を受けた動機を聞く。「なんとなく……」というような場合は、そのまま検査結果についての説明に移り、「○○のことで気になることがある」というような場合は、○○の話題を中心に、検査結果に触れながら対話する。

③ 検査実施時の状態（イライラしていたとか、うれしいことがあったとか、別に普通とか……）について聞く。

④「性格はそのとき、そのときで変わるもの。この検査は検査を受けた日の状態がわかるだけ。」と、性格は可変的・力動的であることを伝える。

⑤「質問に答えているのは君自身だから、自分で自分のことをどう思っているかがわかるだけ。」と、性格検査は自己評価であることを伝える。

⑥「人と比べるとどちらかと言えば～という傾向があるという意味で聞いて欲しい。」と、検査結果は統計的・相対的なものであることを伝える。

⑦ 検査結果の説明で生徒が特に気になる点がある場合は、詳しく話を聞く。

⑧「性格以外に何か気になることは？」と問いかけ、何かあれば話を聞く。

⑨「また、何かあったら、来てください。」

　この性格相談がきっかけとなり、その後、継続して来談する生徒も現れた。このように、性格相談は、教育相談室を開放的な場とする上で非常に有効であった。

　臨床心理士の資格が生まれたのは 1988 年であり、筆者が藤井寺高校で教育相談を担当し始めた頃は、カウンセリングに係る専門職はまだ確立されていない時期だった。なので、当時、教育相談を担当し、教育相談に関する研究会で活動していた教師は、臨床心理等について自主的に勉強することに労を惜しまなかった。その結果、中には、マニアックなカウンセリングかぶれに陥り、難しい専門用語を使いたがり、現場で浮き上がってしまう教師も散見された。けれども、当時の教育相談担当教員は「私は専門家ではないから」という逃げ口上を使うことはできなかったので、自分たちの課題としてカウンセリングや心理療法や事例に学ぶ姿勢をもっていた。性格相談についてここで紹介したのも、心理テストについて「素人」なりに精一杯勉強し議論して、学校における活用方法を工夫した教育実践の意義を、あるいは教師が主体となった教育相談の意義を確認したいと思ったからである。

　ある学会で、ある質問紙法のテスト結果を踏まえた学級運営についての実践発表があった。そのとき、発表者から、テスト結果という「客観的」なデータから教師の「主観的」な認識を捉えなおすという趣旨の説明があった。筆者は、教師が「主体的」に考えることを抜きにして「客観的」な心理テストに頼ることの危うさを感じたので、「教師の感覚は教師の"主観"ですが、テストの結果も生徒の答えに基づくものなのだから、ある意味では生徒の"主観"ですね。だから、"主観と客観"ではなく、"主観と主観"と捉えて、テストに頼るのではなく、テストも参考にしながら児童生徒理解を深めていくことが大切だと思います。」とコメントした。

(13) カウンセリングの専門性

　「コ、カウンセリング」も、専門的知識やライセンスをもたない教師は行えない（行うべきでない）ものである。心理療法においては、心の深層に関わっていく際の配慮や手順、無意識のもつ破壊性への対処の仕方等が整えられているが、教育相談担当教師はそのような専門性をもたないので、踏み込むことへの慎重さが求められる。

「サ、治療契約・治療構造」とは、心理療法における時間・場所・料金等の制限のことで、その枠組みがセラピストとクライエントを守る意味をもっている。教師は治療者ではないので、時間の制限などは設定しにくい面がある。しかし、筆者も経験があるが、新たな展開や深まりもない話をダラダラと続けると、児童生徒も消耗し教師も疲弊するだけなので、心理療法における制限の意味を参考にして、ほどよいところで話を終えることを意識する必要がある。

　また、学校教育には、面接時間の制限や面接と面接の間隔の制限はないが、修業年限という制限がある。6-3-3制を基本とする日本の学校教育では、教師のかかわりは卒業までの期間という制限のもとで展開される。藁科（1988）はこの制限を「期限性」と表現し、学校教育では「期間の制約があるため、つい効を急ぐ傾向があり、長期的な視点にたっての治療関係がもちにくい」と指摘している。期限性がプレッシャーやあせりにつながり、「長い目で見る」「見守る」「待つ」姿勢を失うことには留意する必要があるだろう。

　「シ、校則・内規等にとらわれない対応」は、教師は校則・内規を考慮しながら児童生徒と関係をもつ立場にあることを示している。一方、カウンセラーは、指導や評価を行う立場から一定距離を置くからこそ、その専門性を発揮できる。この違いが大切なのであり、教師がカウンセラーを「学校の制度や方針と相容れない」と批判したり、カウンセラーが教師を「子どもの自由を束縛しすぎだ」と批判したりするようでは、二つの異なる専門職のコラボレーションが機能しないことになる。

（14）教師の協働性を活かした教育相談

　「ス、協働性」は、学校の場合、担任・教科担当・部顧問・養護教諭・栄養教諭・司書教諭等のさまざまな立場からの情報と知恵を持ち寄り、協働して児童生徒理解を深めていくことができるという意味である。

　山下（2004）は、教師間の連携をとり、生徒指導の力量を向上させるためには事例検討が重要であると指摘し、事例検討会を定着させる取組として、「ある小学校では1学年2クラスの小規模校の特性を生かし、『マンディトーク』と称して月曜日の放課後に、教師全員がお茶を飲みながら仕事上での悩みを自由に話し合う会を開いている。」という実践例を紹介している。

児童の自己実現の援助に関する実践研究に取り組んだ小学校教諭の辻岡（2016）は、職員会議や学年会議などのフォーマルな会議とは別に、インフォーマルな「座談会」を提案した。座談会では、サークル状に机を配置してお

表 14　通常の会議と座談会の比較

	会　議	座談会
場所	職員室	多目的室
雰囲気	通常	リラックス
計画性	有	無
結論	要	不要
自己内対話	完結	継続

茶やお菓子を用意し、テーマを決めず結論も求めず、和やかな雰囲気の中で教員が気になる児童のことを話し合う場となるようにした。そして座談会を通じて、児童理解の深化と、指導にあたっての合意形成を図った。辻岡は、通常の会議と座談会の違いを**表 14** のようにまとめている。

　また、学級集団づくりに関する実践研究に取り組んだ中学校教諭の藪下（2020）は、学校での生徒の言動や授業での様子に関する教員間の意思疎通を図る場として「生徒を語る会」を設け、教師が一人では気づかなかった生徒の一面を知ったり、複数の情報を持ち寄ることで生徒の問題の多面性についての理解が深まったりしたという実践を報告している。教師の「協働性」を活かしたこれらの取組は、どの学校においても、児童生徒理解を深めていく上で有効だろう。

　このように、教師集団は同僚性を活かしたかかわりを展開しやすい。また、教師が主体となりつつ、スクールカウンセラーやスクールソーシャルワーカー等の関係者を活用することも重要である。しかし、カウンセラーの側の協働性が重要ではないというわけではない。スクールカウンセラーには、当たり前の社会常識をもち、柔軟なコミュニケーションをとることができ、相手（教師）の職・文化を理解することが求められるのである。社会性のないカウンセラーでは、連携を求める学校・教師とつながることはできない。

　教育委員会によっては、セラピストとしての能力だけではなく、学校と協働できる社会性を重視して、スクールカウンセラーを人選し評価しているところもある。

Ⅱ 教師の本気

1 教師の自己一致と自己開示

(1) 教師の純粋性

　教師と児童生徒との関係性を考える際には「無意識」を想定することが重要であると述べた。その際のもう一つのポイントは、教師が自分自身の無意識にも心を開いているかどうか、そして、教師の意識と無意識（建前と本音）が一致しているかどうかという点である。

　このテーマからは、ロジャーズのジェニュインネス（genuineness）の概念が連想される。ロジャーズは、カウンセラーにとって重要な 3 条件として「純粋性（genuineness）」「無条件の肯定的関心（unconditional positive regard）」「共感的理解（empathic understanding）」を挙げている。そして、彼は、クライエントとの関係におけるセラピストの純粋性について、「セラピストが、この関係の範囲内では、一致した（congruent）、純粋な（genuine）、統合された（integrated）人間でなければならない」と述べている（Rogers,C.R., 1957）。

　ただし、河合（1970）は、genuine を純粋と訳したことで浅薄な理解を生み混乱が起きたと指摘し、「自分の心の中に動いていることはすべて、とりあげようというのが genuine と言うことだ。」と述べている。そして、たとえばクライエントに対してカウンセラーが「会いたくない気持ちと、会わねばならない気持ち」の両方を抱いている場合も、「その相反するふたつのものが高まって、ふたつの音がそのままひとつのハーモニーにとけこんでいるというような態度ができれば genuine だと思います。非常にむずかしいことだと思います。」と述べていることに留意する必要がある。

　児童生徒は、教師の「純粋性」すなわち「本気さ」にとても敏感だ。教師に反抗する児童生徒は、しばしば、教師を揺さぶることで、その教師の「本気さ」を確かめようとしている、あるいは「本気さ」を求めている場合がある。

　大学院の授業で「本気の教師（教師の本気）」とは何かについてディスカッションを行ったことがあるが、院生からは**表15**のようなキーワードが出された。

表15　「本気の教師（教師の本気）」に関係するキーワード

熱意、一生懸命、逃げない、しっかり子どもを見る
子どもに対する責任感、一人一人のことを考える、信念
本気の対決、思いを伝える、見捨てない、成長への思い
子どもの自立を見据えた指導、愛を持ち続ける、ありのまま

　学校現場で、「本気の教師」「教師の本気」「教師と生徒の本気のかかわり」というような文脈で使われる「本気」の意味を考える道標として、筆者は「ジェニュインネス（genuineness）」や、「オーセンティシティ（authenticity）」という概念に着目している。

　オーセンティシティとは、「信頼性」「信憑性」「確実性」「真正であること」などを意味する言葉である。角田（2009a）は、「自主性尊重に名を借りた指導の怠慢で問われているのは、教師が子どもや保護者と関わっていく上での『本気さ（authenticity）』といえるのではないかと思います。」と指摘し、「『本気さ』とは表面的なアクションが問題なのではありません。ここで述べる『本気さ』の意味は、対義語として『偽り』『見せかけ』『建前』という言葉を想定すれば、クリアになるのではないでしょうか。また、内面の思いと外に示される態度や言動との間のギャップが少ないことが、『本気さ』につながると考えてみればどうでしょうか。」と述べている。

　また、学級集団づくりの実践研究に取り組んだ小学校教諭の河野（2019）は、「自分が正しいという思い込みをすることは大人にだってある。苦手だなと感じる人は大人でもいる。大人はしばしば、自分たちも抱えている人間としての弱さや闇を棚に上げて、子どもに話しがちである。しかし、

さも大人が全て正しいかのごとく子どもに話す言葉は本当に子どもに届くのだろうか。子どもたちが口にする『大人はずるい』という言葉は、そういった都合良く振る舞う大人を見透かしている言葉なのではないだろうか。私たち教師は、そのような『棚上げ』『使い分け』の姿勢ではなく、自己一致、すなわち本心と言葉が一致しているかどうかを常に自問しながら、児童と『本音で向き合う』ことを心がけたいと思う。」と、genuineness を欠いた教師のかかわりの問題点を指摘している。

（2）わたしが教師になったとき

　筆者が高校の新採教員だったとき、先輩教師から一つの詩を教えられた。当時の筆者は、「生徒を理解する」「生徒を指導する」「生徒を援助する」のいずれにおいても、思うようにいかない不全感に苛まれ、「自分はいちばん自分に合っていない職を選んでしまったのではないだろうか」と苦悩していた。けれども、この詩を読んで、何だか目頭が熱くなるような感動を覚え、「道まだ険し」ではあるけれども踏ん張ってみようと思ったことを覚えている。その詩は、作者不詳（宮沢賢治作と言われることもあるがそうではない）の詩だった（**表16**）。

表16　わたしが教師になったとき

> わたしが教師になったとき　　自分が真理から目をそむけて
> 　子どもたちに本当のことが語れるか
> わたしが教師になったとき　　自分が未来から目をそむけて
> 　子どもたちに明日のことが語れるか
> わたしが教師になったとき　　自分が理想を持たないで
> 　子どもたちにどうして夢が語れるか
> わたしが教師になったとき　　自分が誇りを持たないで
> 　子どもたちにどうして胸を張れと言えるのか
> わたしが教師になったとき　　自分がスクラムの外にいて
> 　子どもたちに仲良くしろと言えるのか
> わたしが教師になったとき　　自分がたたかいの外にいて
> 　子どもたちに勇気を出せと言えるのか

　筆者は、生徒指導における教師と生徒の関係性を考える際に、「同型的共感」や「本気」「自己一致」を鍵概念としている。夢分析における初回夢がその後の治療の過程を指し示すように、筆者が教師になった40年前にこの詩に感動した経験の中に、その後の筆者の教師物語の基本テーマがすでに提示されていたようにも思える。

（3）共に苦しむ

　第1章で、英語のことわざ 'No pain, No gain' について、「受苦的なかかわり」の大切さを示す言葉として解釈したいと述べた。「教師の児童生徒理解」と「教師と生徒の信頼関係」が重要となる生徒指導では、「自分に負荷がかからない解決法」などないのではないか。だから、「ハウツー」や「マニュアル」だけで善しとする生徒指導はありえない。

　また、第1章では、「共に見る」「共に笑う」という同型的共感（共に感じる）についても触れた。これは「共に苦しむ」と表現することもできるだろう。

　英語には、empathy と sympaty という言葉がある。一般的には前者は「共感」、後者は「同情」と訳される。角田（1997）は、「同情は、主体が他者と同様の感情状態に浸りきったままで、かつそれが悲しみといった否定的な感情体験の場合をいう。また、同情は、する側とされる側に優劣の関係が生じやすく、する側は主体の安定は脅かされることはなく、される側にすれば助けにならないことがあるばかりか、同情されることで見下されたように感じることさえある。」と述べている。そして、これに対し、「共感・empathy は、他者理解の指向性をもった共有体験という意味がある」として、「悲しみや苦しみといった否定的な感情だけでなく肯定的な感情の共有や、主体が感情体験に巻き込まれたままでなく、より能動的に他者に感じ入るといった視点が、心理学的に有効なものとされるようになり、（略）次第に同情・sympathy に含まれる自己指向的要素から，共感・empathy が区別されるようになったものと思われる。」と述べている。

　英語の sympathy は、フランス語では sympathie（サンパティ）である。sym は「一緒に」の意味で、pathie や英語の pathos（ペーソス、哀愁・哀感）の語源はギリシャ語の pathos（パトス）であり、語源的には

sympathie は「共に苦しむこと」という意味を含んでいる（中条、2018）。ちなみに、pathos とは苦痛や哀しみだけでなく快楽や喜びも含めた情念を意味し、論理や言語などを意味する logos（ロゴス）に対置される概念である。

　大阪の高校で生徒指導の実践研究に取り組んだ牧野（1952）は、教師が「人間として父母生徒と共に苦しむのだ。『共に苦しむ』それが生活指導の心の限界だ。それ以上を要求しない。共に人間として苦しみ、ひたすらにその家と生徒の幸福を祈る。」ことが重要であると述べている。「心の限界」とは、「そこまで関わる姿勢の大切さ」と「それ以上は踏み込まない姿勢の大切さ」の両方を意味していると筆者は解釈している。前者は、「専門家」への丸投げの姿勢や、児童生徒の苦しみを病理論や制度論だけで考え自分の苦しみと重ね合わせて感じとろうとしない姿勢への警句だと思う。後者は、児童生徒の問題に対して過剰に操作的に介入し、児童生徒が自ら苦しみを乗り越えていくプロセスを台無しにしてしまう姿勢への警句だと思う。「見捨てない」ことと「見守る」ことの大切さを示しているとも言えるだろう。

（4）絶望と希望

　「見守る」ということは、「希望を失わない」姿勢として捉えることもできるだろう。すぐに叶いそうなことを望むのは誰にでも簡単にできるが、ここで言う「希望」は、「本当に大丈夫だろうか」「ダメなんじゃないだろうか」というような「絶望」すなわち苦しみの淵から見出した「希望」である。

　作・原田宗典、絵・柚木沙弥郎（2006）の『ぜつぼうの濁点』という絵本がある。舞台は、「言葉の世界」の「ひらがなの国」である。ある日、「や」行の町の道ばたに、濁点「゛」だけがぽつんと置き去りにされていた。この濁点は、「ぜつぼう」の「せ」の字について長年仕えてきた濁点だった。しかし、主の「ぜつぼう」が年がら年じゅう「もうだめだ」と頭をかかえることを気の毒に思い、濁点は自分をそのへんの町の道ばたにでも捨ててしまってくださいと頼んだのだった。濁点は、「や」行の町の住人に、自分をもらってくれませんかと声をかけるが、絶望にくっついていた

いまわしい濁点なので断られる。そんなときに、人の世話をすることを仕事にしている「おせわ」の三文字がやってくる。「なんとかしてやる」と言う「おせわ」が連れていったのは、かつて、濁点の主の「ぜつぼう」が幾度となく足を運んでは引き返した沼のほとりだった。「おせわ」は濁点を持ち上げ、「濁った水にとけてなくなってしまうがいい！」と沼に投げ込む。濁点は、沼底に向かって沈んでいく。濁点は、「ああ、これが、主の味わっていた絶望というものなのか……。しかし、このむなしさの中から主を救い出せたのだから、よろこびとせねばなるまい。これでいいのだ。これでよかったのだ……。」と自分に言い聞かせる。すると、そのつぶやきは、ぷくりと泡になり、「きほう」の三文字となって、水中にただよい始める。「さあ、早く、自分にくっつけ！」と言う「きほう」の「ほ」の字に濁点がくっつくと、それは「きぼう」という言葉となって、水面に浮かび上がるなり、ぱちんとはじけて大気にとけて、あまねくこの世をみたす。こうして、絶望の濁点は希望の濁点となったという物語である。

　「ぜつぼう」の「せ」の字の濁点が「きほう」の「ほ」の字の濁点になり、絶望が希望になったということである。ところで、元の主は濁点がなくなって「せつぼう」になった。漢字を当てはめると「切望」だ。そう考えると、このお話は「絶望　→　切望　→　希望」というテーマを表しているような気がしてくる。「困難な現実や世の不条理を直視し　→　問題の解決を信じ願う中で　→　豊かな世界が見えてくる」ということである。さらに筆者は、水平社宣言を思い起こした。「人の世の冷たさが、何んなに冷たいか　→　心から人生の熱と光を願求禮讃する　→　人の世に熱あれ、人間に光りあれ」という、厳しい差別の中から人間信頼の地平にたどりついた考え方である。

　ちなみに、この絵本は、大学で筆者が顧問をしている運動系サークルで、試合中の不慮の事故で亡くなった部員のご両親から教えられた絵本である。ご両親は、「日にち薬というけれども、時が過ぎゆくとともに、悲しみは深まっていく気がします。でも、この絵本にも励まされて、一日一日を過ごしています。」と話された。「絶望」の淵に立ち、悲しみや苦しみは決して消えないけれども、そんな中から何とか「希望」を見出して歩んでいかれ

る姿に、筆者は心を打たれた。

　児童生徒の未来への希望・信頼は、児童生徒理解の要である。特に、「本当に大丈夫だろうか」「ダメなんじゃないだろうか」と感じられるような難しい問題・状況に直面したときにこそ、児童生徒の成長を「切望」し「希望」を見出そうとする教師の姿勢が求められる。第1章で紹介した、徳島学院の寮長の「いつかはきっとよくなると信じる心」という言葉も、同じことを表しているのではないだろうか。そして、児童生徒に対する教師の希望・信頼が、児童生徒の自分自身に対する希望・信頼を生み出すのではないだろうか。

2　児童生徒の主体性

（1）操作的な教育観の問題点

　「本気の教師」のもう一つの特徴は、「熱血漢」「カリスマ」といわれるような児童生徒を導くことだけに情熱を注ぐ姿勢ではなくて、児童生徒の主体性を大切にすることにもエネルギーを費やす姿勢をもっている点である。高橋（1987）はシュタイナー教育について述べる中で、「決して生徒は画家にとってのキャンパスでもなければ、彫刻家にとっての粘土でも木でも石でもありません。このことの認識が問題なのです。まず最初に、先生よりももっと偉大な人物が生徒の未来の中にいるかもしれないということをよく認識するように、というのです。もし彫刻家が彫像をつくるようなつもりでいると、本来自分より偉大になるはずの存在を、自分の水準の作品につくりかえてしまうことになってしまいます。本来の子どもの運命を先生がそれによって駄目にしてしまうかもしれません。ですから『子どもを教育者が自分と同じようなものにしようとする考えを、まったく切り捨てなければならない』のです。」と述べている。

　また、精神分析学者・思想家の岸田（1997）は、「自由、平等、平和、民主などの理念はまことに文句のつけどころのない理念である。しかし、それらの理念を教育によって生徒に教え込めば、それらの理念を体得した個人ができあがるという戦後民主主義の教育思想は、人間を他人の思うまま

の形にこねあげることのできる粘土のようなものであるとする考え方（かつては軍国主義教育を受けたから、好戦的兵士になったというのも同じ考え方である）にもとづいている。この考え方は、教育というものを過大評価していると同時に、人間を馬鹿にしている。」と指摘している。

　どちらも、造形にたとえながら、教師が児童生徒の主体性を無視して自分の思うようなかたちに作り上げていくことが教育なのではないという警句である。

（2）人工知能にはできないこと

　「主体」という言葉は、いわゆるアクティブ・ラーニング、すなわち「主体的、対話的で深い学び」という考え方でも使われているが、次に「主体性」「主体的」の意味を考えてみたい。

　近年、ロボットや AI（人口知能）の発展はめざましいものがあるが、久木田・神崎・佐々木（2017）は、「道徳的に良く振る舞うロボットは道徳的と言えるのか」「機械は道徳的存在になりうるか」という問いを立てて、「道徳とは何か」という倫理学上の問題を考察している。

　筆者も、大学院の授業で、「道徳的なふるまいをプログラミングされたロボットは道徳的存在か？」というテーマでの院生のディスカッションを行ったことがある。院生の意見は「道徳的とは言えない」という意見が多かった。そして、その理由としては、「プログラムされたとおりに行っているだけだから」「双方向のやりとりがないから」「心と心のつながりが大事だから」「心の揺れや葛藤がないから」などが挙げられていた。

　寺脇（2018）は、将棋ソフトを例にとって AI には決してできない領域があると指摘している。勝ち負けだけでいうと、将棋ソフトの PONANZA はプロ棋士を負かすまでになっている。けれども、プロの将棋の世界には「形作り」という作法があるそうだ。勝負の途中で負けを認めた棋士が、熱戦を印象づける棋譜を作品として残すために、あえて敵玉に迫るような手を最後に指した上で投了することである。寺脇は、勝つための最善の手しか選択しないソフトには、人間の美意識から生まれる「形作り」という思考はなく、何が美しいのか、美しく生きるとはどういうことなのかということは、人間にしか考えられない領域ではないだろうかと指摘している。

そして、「損をするけれども美しいと思われる生き方があり、得をするけれども美しくない生き方もある。気持ちは良いが損することと、得するが気持ちの悪いことがある。そうした葛藤を抱えるのは人間だけであり、ソフトは常に『損すること』は排除する。ここに道徳のひとつの本質がある。」と述べている。

　道徳科授業に関する実践研究に取り組んだ小学校教諭の髙嶋（2020）は、小学校5・6年生の道徳の授業開き（1回目の授業）で「ロボットの心」という授業を試みている。この授業では、「人にやさしくするロボットは、やさしい心をもっていると言えるか」というテーマでのグループ討論を行っている。児童からは「そもそもやさしさとは何か」「プログラムされたことをやっているだけでロボットに感情なんてない」というように、大人（院生）と同じような意見が出ている。

　一方、院生の意見では、道徳的なふるまいをプログラミングされたロボットも「道徳的である」という意見もあった。その理由には、「形から入って心が伴うこともある」「ロボットは感情に左右されず適切に対応する」「学習も一種のプログラミングである」「人間もプログラミングされた生き物である」などが挙げられていた。教育の営みもプログラミングとしての側面をもつという意見は興味深く思えた。これらの意見を出した院生の主張は、教育はプログラミングであっていいのだという「教育＝洗脳論」の肯定ではなく、そのような教育の一側面、落とし穴から目をそらしてはいけないという問題提起を含んでいた。

　ちなみに、髙嶋（2020）の実践でも、児童から、以下のような意見が出されている。

- ・いつも親に、「あれをやれ、これをやれ」と言われてその通りにしているから、もしかしたらプログラミングされているのと同じかもしれない。
- ・先生に「何をやるんですか」と聞くことは、「プログラミングしてください」と言っていることと同じ。
- ・学校も、子どもにプログラミングをしているのかも？
- ・人間もロボットのようにプログラミングされているようなもの。

　このあたりの議論からは、第 1 章で触れた「学校の監獄性」の問題が想起される。教員は、学校が「監獄」的な側面をもたざるをえないという原罪を自覚しつつ、「学校が監獄にならない」「児童生徒が囚人にならない」「教師が抑圧者にならない」ためにはどうすればいいのかを考えることが重要だが、その際のポイントの一つが、「児童生徒の主体性を大切にする」ということだろう。

　「ロボットと道徳」というテーマに関するディスカッションを通じて、院生あるいは児童の間に一定の合意が形成されたのは、心の揺れ・葛藤・苦悩がなく、プログラム・マニュアル・統治者や上司（子どもにとっての大人）の指示などの「自分ではなく他者が考えたもの」「自分の"外"にあるもの」に従っているだけのふるまいは主体的・道徳的とは言えないということだった。そうではなくて、心の揺れ・葛藤・苦悩を避けずに、自己内対話を続ける中でたどり着いた、「他者ではなく自分が考えたもの」「自分の"内"にあるもの」に基づいたふるまいが主体的・道徳的だということだった。外発的動機だけではなく内発的動機を伴う行為が主体的・道徳的行為だということかもしれない。

　モラル（英語 moral、フランス語 morale）はもともと善悪とは直接は関係なく、語源的には、mœurs（風習）に近い「行動様式」や「意志」を表す言葉である（中条、2018）。そうであるならば、自らの意志で行動する主体性が道徳性と大いに関係しているというのは、的を射た捉え方であると言えよう。

（3）学習における没主体性

　しかしながら、残念なことに、学習指導とりわけ「受験学力」の指導においては、むしろ主体性を抑えることが良い成績につながるかのようなヒドゥン・カリキュラム（隠れたカリキュラム）が感じられることがある。

　河合（1984）は、自身の著書の一部を題材に「作者の意図」について選択肢から選ぶ入試問題を例に挙げ、「その『正解』を読んで、筆者もなるほど私の真の意図はこれだったのかとわかって感激させられることが多いのだが」と逆説的に述べている。そして続けて、「このような設問に慣らされることが大問題ではないだろうか」と問いかけている。さらに、「ある受験

生がこのような問題を解く『秘訣』として、『なるべく自分で考えず、常識的にはどうなるだろうかと考えてみる』ことだと述べたことがある。確かにそれはひとつの秘訣であろうが、それはまさに、その個人の想像力の翼をもぎとることではなかろうか。」と指摘している。

また、内田（2005）は、「定量的な技術」を教えることと、「技術は定量的なものではない」ことを教えることの違いについて述べている。内田は、たとえば鈴鹿でF1のシューマッハに運転に関する教えを受けることと、自動車の教習所の先生に教わることの違いを例示している。教習所の先生が教えたのは、免許証をもらえる最低限度の運転技術であり、教習所の先生は「君は他の人と同程度に達した」ということをもって評価する。一方、シューマッハが教えたのは、「運転技術には"これでいい"という限界がない」「運転は創造であり、ドライバーは芸術家だ」ということであり、「君は他の人とどう違うか」ということをもってしか評価しないというのである。そして内田は、「一方の先生は『これでおしまい』という到達点を具体的に指示し、一方の先生は『おしまいということはない』として到達点を消去してみせます。ふたりの先生の違うところはここです。ここだけです。ほとんど同じ技術を教えていながら、『これができれば大丈夫』ということを教える先生と、『学ぶことに終わりはない』ということを教える先生の間には巨大な『クレヴァス』があります。」と述べている。

内田のこの例示は、教わる側の主体性・創造性を軸に据えた教育論でもある。教師はこの「クレヴァス（深い割れ目）」を越えていくことを考え続ける存在でありたいと思う。

（4）思考停止

プログラミングされたとおりに行動する没主体的な在り方は、ユダヤ人の哲学者ハンナ・アーレント Hannah Arendt が1963年に発表した『エルサレムのアイヒマン－悪の陳腐さについての報告』を踏まえると、「思考停止」と言い換えることもできるだろう。

ユダヤ人を強制収容所に移送した、ナチス親衛隊の中佐アドルフ・アイヒマンは、1961年に裁判にかけられた。人々は、「最終解決」（行政的大量虐殺）の実行責任者であるアイヒマンを、ユダヤ人に対して強い憎しみを

抱く、凶悪で残忍な人間だと想像していた。しかし、傍聴したアーレントは、裁判でのアイヒマンの様子について、残虐な悪人とはほど遠く、思考を停止して自分の仕事を淡々とこなした陳腐で凡庸な人物だったと記している。実際、アイヒマンは法廷で、自分は法による統制を尊重し法を守る市民として自分の義務を行ったのであり、命令に従っただけでなく法にも従っていたと主張している。そんなアイヒマンの姿を見て、アーレントは、「考えることをやめるとき、凡庸な『悪』に囚われる」と述べた（Hannah Arendt, 1969）。この有名な、アーレントの「悪の凡庸さ」という言葉も、裏返して言えば、主体的な思考がいかに重要であるかを示しているのではないだろうか。

（5）星野君の二塁打

　小学校の道徳の教科書に「星野君の二塁打」という教材がある。少年野球のチームに所属している星野君のお話だ。市内野球選手権大会出場がかかった試合の大事な場面で、星野君は「かんとくの指示は、バントだけれど、今は打てそうな気がするんだ。どうしよう……。」と迷いながら打席に入り、反射的にバットを振る。結果は二塁打となり、この一打がチームを勝利に導いた。しかし、翌日の練習の際に、監督は選手を集め、星野君が監督のサインに反して打ったことについて「小さく言えば、ぼくとの約束を破り、大きく言えば、チームの輪を乱したことになるんだ。」と話す。そして、次の大会で星野君を出場させないことを伝えたという話である。

　この教材は、学習指導要領に示されている道徳の内容項目 C「主として集団や社会との関わりに関すること」の「よりよい学校生活、集団生活の充実」に関連するものである。この項目の趣旨については、「先生や学校の人々を敬愛し、みんなで協力し合ってよりよい学級や学校をつくるとともに、様々な集団の中での自分の役割を自覚して集団生活の充実に努めること。」と示されている。しかし、寺脇（2018）は、「たとえ監督の指示が明らかに間違っていると思ったときでも、100％指示を守らなければいけないのか。あるいは、たとえ指示に反した行動を取ったとしても、それによってペナルティを与えられるべきなのか。そうした議論はあっていいはずだが、この『星野君の二塁打』の話からはそうした議論の発展が生まれ

にくく、『集団生活を乱さないことは個人の考えより重要』という結論しか見えてこない。」と指摘し、児童に議論させても「監督の指示は絶対。それを守らなかった星野君が悪い。」という意見が多くなるのではないかと述べている。

確かに、この教材に基づく授業は、扱い方次第では「思考停止」「没主体」、あるいは上司におもねるという意味での「忖度」の勧めに陥ってしまう危険性があるだろう。極端に言えばアイヒマンのような人間を育む授業になりかねないと筆者も思う。

ちなみに、寺脇によると、この話の原作は、1947年に雑誌『少年』に掲載された児童文学者の吉田甲子太郎（きねたろう）の作品だそうだ。そして寺脇は、教科書の内容ではカットされている原作の大切なシーンを紹介している。原作は、少年野球ではなく旧制中学校（現在の高校）の野球部の話で、実はこの監督は、校長からの監督就任の依頼を一度は断ったのだが、あることを条件に引き受けたのだった。その条件とは、「部員が自分を監督に迎えることに賛成であること」「野球部の規則は部員と相談して決め、決めた以上は厳重に守ること」「試合の時にチームの作戦として決めたことには従うこと」だった。

教科書では、この経緯はあまり書かれていないが、寺脇は、「作者のメッセージは、監督が出したバントのサインを守らなかったことの是非ではなく、『みんなで決めたことは守っていこう』という『民主主義の原理』だったのではないか」と指摘している。原作が発表された1947年が日本国憲法施行の年であることを考えると、筆者も、「上に従う」という上下の人間関係ではなく、「みんなで考える」という水平の人間関係こそが原作のテーマだったのではないかと思う。

髙嶋（2020）は、このような指摘を踏まえた上で「星野君の二塁打」を用いた授業実践を行っている。髙嶋は、先述したように道徳の最初の時間に「ロボットの心」という授業を行い、主体的に考えることの意味を問いかけている。そして、「星野君の二塁打」の授業では、「このお話を読んで、納得するか、疑問が残るか」という発問を設け、個々の児童の考え方を視覚化し自分の考えと他者の考えを比べ話し合うことを促進するために、児

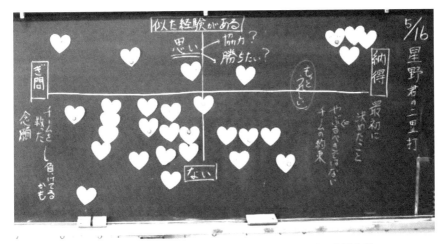

図 9　「星野君の二塁打」についてのハートカードによる意見表明

童に自分の名前を書いたハートカードを黒板に貼るように指示した。黒板には、縦軸（↑上：似た経験がある、↓下：似た経験がない）と横軸（→右：納得、←左：ぎ問）」の座標軸が書かれている。**図 9** のように、児童のハートマークは 4 象限すべてに貼られ、多様な意見が開示できる雰囲気が醸成されていることがわかる。授業では、その後、サークル・トーク（円形に座ってのグループ討議）が行われるが、そこでも、「約束を破ることはよくないけれど、監督もそこまで罰を与えるのは……、そこは、迷う」という発言に対して他の児童から「納得！」という声がかかるなど、葛藤の中で主体的に考えることの大切さについて検討されている。また、「ルールと臨機応変」というテーマの議論に展開したクラスもあった。このクラスの担任は、児童に自分で判断する力を伸ばしてほしいと考え、普段から「臨機応変」という言葉をよく使っているとのことだった。

　振り返りシートでは、「監督は星野君に向かってどういう気持ちで言ったのかを知りたい」「監督もちょっとは星野君の気持ちも分かってあげたらなどと、いろんな疑問がわいてくるから考えるのが楽しかった」「協力はどうしたらできるか、どうなったら協力なのかをもっと考えたいと思った」などの感想が書かれ、「偉い人（監督）の指示に従う」という徳目注入の愚に陥らない「主体的で対話的で深い学び」が生まれていることがうか

がえた。

（6）責任転嫁の文化

　しかしながら、現代社会の大人の姿が子どもたちにとって「主体的に生きる人間」のロールモデルになりえているのかと考えると、はなはだ心もとない気がしないでもない。アーレントは、「自ら考える」という営みを失った状態を「無思想性」と表現した。しかしアイヒマンは、自分が義務の遂行に徹底的に忠実であった態度、つまり「無思想性」に痛みを感じるどころか自負までもっていたという。

　筆者は指導主事として教育行政に関わった経験もあるが、そういえば教育委員会では、葛藤や試行錯誤を経ずにクールに割り切って規則と手続きを遵守し淡々と職務を遂行する姿も一部に見られた。そして、そんな姿勢が有能な行政マンであるという価値観と自負をもつ者もいた。筆者は、昨今の国の政治家や官僚の立ち居ふるまいにも感じられるこのような「無神経」「図太さ」を是とする行政文化には最後まで馴染めなかった（もちろん「気配り」「繊細さ」を大切にする同僚もたくさんいたが……）。

　しかし、「自ら考えようとしない」在り方は、行政の世界だけでなく、現代社会全体の傾向であるようにも思える。鷲田（2014）は、市民が、生老病死はもとより教育や子育て・防災・排泄物の処理など地域社会で担ってきた役割を、国家資格をもった専門家や行政に「お任せ」するようになり、市民はこれらのサービスが劣化すればクレームをつけて責任を他人に「押しつけ」るだけになっていると述べ、「『お任せ』と『押しつけ』が合わせ鏡のように社会を覆い、提供されたサービスにぶら下がる一方、責任を放棄する構造が増幅している。」と指摘している。

　ところで、アイヒマンの悪の「陳腐さ」「凡庸さ」を指摘したアーレントは、やがて大きな批判にさらされることになった。その理由は、アイヒマンが「どこにでもいそうな市民」であるというアーレントの指摘に、人々が「怒りの矛先を失ったから」であり、「自分もアイヒマンのような人間になる可能性があるということだから」だと仲正（2017）は述べている。そして、「日本の犯罪報道やスキャンダル報道においても、事件が起こると、犯人の生い立ちや『素顔』を詳しく報道し、その人がいかに歪んでいたか

ということにスポットを当てようとします。報道する側も、それを受け取る側も、自分たちと悪との圧倒的な『違い』を探しているのです。アイヒマンに悪魔のレッテルを貼り、自分たちの存在や立場を正当化しようとした（あるいは自分たちの善良性を証明しようとした）人々の心理は、実はナチスがユダヤ人に『世界征服を企む悪』のレッテルを貼って排除しようとしたのと、基本は同じです。」と、自分自身の内面の闇を棚上げにした他者の責任追及の欺瞞性を指摘している。

　また、阿形（2003）は、ホロコーストの残虐性をどう総括するのかが戦後の大きな問題となったドイツで、「ヒトラー＝精神病者」論が主張されたことに言及し、当然ながらナチズムの問題はそんなことで片づけられるものではないと述べている。

　キューバの「新しい歌（ヌエバ・カンシオン）」の担い手の一人にシルビオ・ロドリゲスという歌手がいる。八木（1998）は、シルビオ・ロドリゲスが告発しているのは、「『わるいかねもち』でも『社会』でも『戦争』でもない。悪いことを他人のせいにして、自分が当事者でないのをいいことに無関心な中立なり無難な多数派を決め込む、身勝手な普通の人々の偽善性だ。」と述べている。

　近年、いじめ問題が喫緊の教育課題になっているが、問題の核心は、認知件数が多い少ないというような、教員の管理と対応についての「いじめ対策論」ではない。子どもの世界だけではなく大人の世界にも蔓延している「スケープゴート」の問題や無関心な「傍観者」の問題なども視野に入れた「いじめ人間論」こそが議論されるべき本質ではないかと筆者は考えている。

（7）自己肯定と自己否定

　近年の生徒指導論では、「自尊感情」「自己肯定感」等の概念もキーワードとなっている。自己肯定が強調されることは、「only one」などの言葉が好まれる状況と通底しているのかもしれない。

　1996年に、当時勤務していた高校が普通科から大阪初の総合学科に改編されるにあたり、筆者は総合学科のポリシーを説明するキーワードとしてonly oneをしばしば使った。その後、2000年に就任した太田房江大阪府

知事が「オンリーワン企業」などのかたちで only one を好んで用い、さらに、2003 年に「No.1 にならなくてもいい、もともと特別な only one」と歌う SMAP の『世界に一つだけの花』がヒットし、only one は一気に世間に広まった。

　そんな中で、筆者はやがて only one という言葉を使わなくなった。その理由は、これほどまでに only one が人口に膾炙(かいしゃ)すると、自己を深めていく姿勢を軽んじた安易な自己肯定につながりかねないと考えたからである。教育相談における「無理のない自分のペースで」「完全（perfect）ではなくほどほど（good enough）を目指して」などの考え方も、それが児童生徒の安定につながることがある一方で、場合によれば児童生徒が現状に甘んじる姿勢を肯定することにつながりかねないという両面性をもっているのではないだろうか。

　1973 年にリリースされたかぐや姫の『神田川』を作詞した喜多條忠は、2015 年に NHK で放映された「団塊スタイル“神田川”にこめた青春〜南こうせつ〜」の中で、「あなたの優しさが怖かった」という一節は、幸せな、平穏な、小市民的な日常に埋没し、社会のことを考えなくなりそうで「怖かった」という意味だったと述べている。『神田川』は、安易な自己肯定を拒絶する自己否定の文化を象徴する歌だったのである。

　児童生徒には「自分なんて」というような否定的な自己概念をもって欲しくはない。しかし、「自尊感情」「自己肯定感」等の教育的意義を理解しつつも、青年期に『神田川』の文化を経験した世代として、筆者はどこかしらすっきりしない感じを拭えずにいる。その理由は、安易な自己肯定が、自分自身や社会状況の闇を見ようとしない「無思想性」につながる危険性があると感じるからである。

（8）一個の人間

　児童生徒の「主体性」は、あるときは「教師に頼らず自分で考えろ」と言いながら、あるときは「勝手に判断せず教師の指示に従え」と言うようなご都合主義では決して育むことはできない。また、「全体主義」へ転化する危険性に無自覚な「集団規律」論からも決して生まれない。あるいは、表面的に「褒める」「称賛する」ばかりの「自己肯定」の働きかけだけでも

身につかない。

　表 17 は、1936 年の武者小路実篤の詩「一個の人間」である（武者小路、1953）。「自分はいびつにされない」という「権利・願望」の主張は、「他人をいびつにしない」という「義務・責任」の自覚と一体となってこそ真理となる。それは、先に述べた、生徒指導における「私と公」の統合というテーマとも関連している。

　本気の教師とは、「一個の人間」としての自分に自負をもち、「一個の人間」としての児童生徒に敬意を払いながら、独立人同士として児童生徒との関係性を深めていく教師ではないだろうか。

表 17　「一個の人間」

自分は一個の人間でありたい。
誰にも利用されない
誰にも頭を下げない
一個の人間でありたい。
他人を利用したり
他人をいびつにしたりしない
そのかわり自分もいびつにされない
一個の人間でありたい。
（略）
独立人同志が
愛しあい、尊敬しあい、力をあわせる。
それは実に美しいことだ。
だが他人を利用して得をしようとするものは、いかに醜いか。
その醜さを本当に知るものが一個の人間。

（9）学習における児童生徒の主体性

　児童生徒の主体性を大切にすることは、生徒指導だけではなく学習指導においても重要な視点である。平沢（1998）が「学習者にとって意味あることがらとして把握されなければ学習されない」と述べているように、学習の意味を主体的に見出すことができない中では真の学びは成立しない。

だから、「良い学校への進学」という意味づけしかできない受験勉強は苦痛に感じられるのだろう。

　読書活動の推進の実践研究に取り組んだ小学校教諭の三ツ橋（2020）は、児童に「本って何のために読むの？」と質問されたとき、これまでは、「新しいことを知るためよ。」「いろいろなことを知ると賢くなるからよ。」などと教師側の理屈で説明することが多かったと述べている。しかし、児童が主体的に読書の意味を見出すことが重要であると考え、「本のお話クイズ作り」「本の紹介カード作り」「本の帯作り」などの活動を取り入れた国語科授業を展開し、「心が動く読書活動」につなげようとした。

　学習における児童生徒の主体性の育成は、単純に「子どもに考えさせれば良い」という話ではない。近年は、授業における講義形式（教師が学習内容を説くこと）を、一斉画一で単方向であるからという理由で否定的に捉える論調も散見される。しかし、講義も大切な教育方法の一つである。芝居や演芸、コンサートなどは一斉画一で単方向であり、観客との対話が生じると混乱するパフォーマンスである。しかし、そんな形式であっても、観客は主体的に何かを感じ取り、思いをめぐらしているものだ。筆者が実際に鑑賞して心が大きく揺れ動いた演劇や音楽ライブなどのパフォーマンスも、全て、形態としては単方向のコミュニケーションである。

　だから筆者は、授業で教師が話した時間を計って、その時間が長いと「教師がしゃべり過ぎで、良くない授業だ」と評価するような考え方、教師の発語がまるで悪であるかのような考え方には立たない。もちろん、児童生徒の知的好奇心が動かない退屈な講義ではダメである。しかし、いくら付箋やホワイトボードなどを使ったり、発問やディスカッションを取り入れたりしたところで、児童生徒が関心を示さずありきたりの活動を淡々とこなしているようなワークもダメだと思う。要は、「講義かワークか」という方法論の選択ではなく、講義であれワークであれ児童生徒の「心が動いているか動いていないか」が授業の良し悪しを決めるポイントだということである。

　筆者が教頭のときに、授業がおもしろいと評判の新採の教員に、授業で心がけていることを尋ねた。すると彼女は、「私は“1時間1へぇ”を心が

けています」と言った。「へぇ」とは、気づく驚きや感動を表す「なるほど」
「そうだったのか」の意味の感嘆詞である。「1 回の授業で、せめて 1 回だ
けでも生徒に"へぇ"と感じさせたい」というポリシーは、形式的な教育
方法論を凌駕している。だから筆者は、「授業でしゃべり過ぎたと思う」
と反省する学生には、「しゃべり過ぎたかどうかよりも、しっかりとしゃべ
る（講義する）ことができる教師力を身につけることのほうが先ではない
か。」と助言することもある。

(10) 反省的実践としての授業

　教師と児童生徒との信頼関係が築かれ、授業で児童生徒の心が動くと、
発表や話し合いを意図的・構成的に設けなくとも、質問や発言や議論が自
然に生まれ、結果的に「対話的な学び」となるのではないだろうか。そう
いう意味では、児童生徒の主体性を大切にする授業とは、学習のプロセス
における児童生徒の反応に教師が心を開いている授業だとも言えよう。

　専門職（profession）の概念について、ショーン Donald Alan Schön
は、複雑化する現代社会においては、技術的合理性（technical
rationality）に基づく技術的熟達者（technical expert）養成の考え方で
はなくて、行為の中の知（knowing in action）に基づく省察的実践家
（reflective practitioner）という専門家（professional）像が重要である
と指摘している（Donald.A.Schön, 2001）。

　これを踏まえて、ショーンの著書を翻訳した佐藤（1996）は、「授業を所
定のプログラムの遂行とみなす『技術的実践』として認識するか、それと
も、教室の『今ここで』生起する意味と関わりを編み直す『反省的実践』
として認識するかの分岐点は、教室に刻々と生起する数々の『出来事』に
対して、教師がどのような態度でのぞむのかにあると言ってよいだろう。
（略）『出来事』は、いつも教師の思惑や計画を裏切って起こるのであり、
この『出来事』への対処の仕方が、授業と学びの過程を機械的で形式的な
システムに閉じ込めることもあるし、あるいは、そのシステムの枠を壊し
てダイナミックで創造的な過程へと再構成するものともなる。」と述べて
いる。なお、reflection の訳語について、佐藤は「省察」と「反省」の二
つの意味を併せもっていることを考慮して、文脈に即してこの二つの訳語

を使い分けることとしたと述べている。筆者も本書において、両方の訳語を使用している。

　教職を目指す学生たちは、最初は「技術的実践」として「良い授業」をイメージしていることが多い。精緻な台本（指導案）を作成し台本どおりにきっちりと展開するのが良い授業だという考え方である。もちろんそれも大事なのだが、こまごまとした内容や形式ばかりに目を奪われていては、本当に良い授業ができるようになるとは到底思えない。学生たちも、実際に教育実習で授業を行って初めて、「台本どおりにいかない」ことの難しさとそのときの対応の大切さを実感し、「反省的実践」として授業を捉えなおすようだ。

　学級におけるグループワークの実践研究に取り組んだ小学校教諭の奈良（2018）は、問題解決のワークで正解にたどりつき盛り上がるグループがある一方で、途中で行き詰まるグループもあることを経験する中で、「実際の生活場面では、上手くいかないことが多々生じる。失敗しないように教師がレールを引きすぎると、上手くいかない場面でどのように対処すればよいのかを学習する機会を奪ってしまうことになる。授業の中で起こる想定外の『出来事』に対して、教師がどのような言葉をかけるかが、まさに学習と生活をつなぐ架け橋になるのではないだろうか。そう考えると、正解に導く支援を考えるよりも、上手く進められなかった背景で、自分たちの言動にどんなことが起こっていたのかを伝える働きかけを考えていきたいと思った。」と述べている。このような考察には、「反省的実践」として授業を考える姿勢が表れていると言えよう。

　「技術的実践」と「反省的実践」の問題は、「収束思考」と「拡散思考」という概念から考えることもできるだろう。デビッド・A・スーザ David. A.Sousa とトム・ピレッキ Tom.pilecki は、問題解決に有用な情報源から材料を寄せ集める方法が収束思考で、明快な正解に至るように定義された問題にはよく機能すると述べている。これに対し、一つの問題について可能な解決方法をいくつか考え出し、それを構成成分に分解し、部分と部分をまとめ直し、異なるか予期しない方法で問題解決する方法が拡散思考で、十分に定義されていない問題を多面的に解決するのに最もよく機能す

るとしている。さらに彼らは、STEM（Science, Technology, En-gineering,and Mathematics）教育に Art を加えた STEAM 教育の重要性にも言及している（David.A.Sousa・Tom.pilecki, 2017）。単線的な因果関係で論じることができない教育においても、拡散思考や、アートの要素を含めた STEAM 教育の考え方が大事なのではないだろうか。

（11）想定外の出来事を活かす

　授業を「所定のプログラムを遂行する技術的実践」と考える立場からは、教師にとって想定外の児童生徒の反応は「遂行の妨げ」となる。だから、教師は無視したり抑え込んだりする。

　小学校の算数の「速さ」の授業で、こんなことがあった。「道のりの求め方」として、「陸上の動物でいちばん速いといわれるチーターは、秒速 32m で走るそうです。チーターがこの速さで 5 秒間走ると、何 m 進みますか。」という問題が出された。何人かの児童が、「32 × 5 = 160」と答え、先生はうなずいた。しかし、ある男子児童は隣の席の男の子に、「でも、止まっているところから走り出すのだから、最初の 1 秒は 32m も進まないよな……。」と話しかけた。教師にも聞こえていたように思えたが、その先生はスルーした。ちなみに、チーターの最高時速は 100〜115km で、加速度もすごいが、それでも時速 75km になるのに 2 秒はかかるそうだ。授業では続いて、教師が応用問題を出した。「それでは、チーターが 1 分間（60 秒）走ったら、何 m 進みますか？」何人かの児童が「正解」を答える中で、男の子はまた隣の席の男の子に「でも、チーターって持久力がないから、長い時間を全速で走ることはできないよ……。」と話しかけた。この男の子は「動物博士」のようで、実際、チーターが全速で走れる距離は平均 170m（約 5.3 秒）、長くても 500m（約 15.6 秒）くらいだそうだ。けれども、これもその先生はスルーし、男の子は「チッ、無視か……」とつぶやいた。

　授業を見学していた筆者は、せめて、「○○くんは、動物のこと、詳しいんだね」くらいの言葉はかけてあげればいいのにと思った。いや、それだけではなく、せっかく授業内容を深めることにつながる「想定外の出来事」を、みすみす逃したのではないかと感じた。

小学校の算数では、先生はわかりやすく「もの」にたとえて説明するが、プラトン風に言えば、全く誤差のない完全な「秒速32m」や「5秒」などがあるのはイデア界で、現実の世界にあるのは不完全な似像にすぎない。そして、算数や数学が扱っているのは本当はイデアの世界（紛れのない抽象世界）の話である。であるなら、男の子の発言に対し、教師は「そのとおり！」と言うべきだろう。そして、「算数の授業では、わかりやすいように“もの”にたとえたりするけれども、本当は、現実の世界ではない“完全な世界”のことを考えるのが算数のお勉強なんだよ。」とでも言ってみてはどうかと思う。もちろん、「完全な世界って何のこと？」と思う児童もいるだろうが、いつの日か、「あのとき先生がおっしゃっていたのは、“抽象的思考”のことなんだ」と気づくための種を蒔くことになるのではないだろうか。このように、授業を「教室で生起する意味と関わりを編み直す反省的実践」と考える立場からは、教師にとって想定外の児童生徒の反応は「授業内容の深まりの契機」となるわけである。

　もう一つ、例を挙げたい。これは、児童理解に関する実践研究に取り組んだ小学校教諭の望月（2015）が紹介している、望月と若手教員とのチーム・ティーチングによる小学校の算数の授業でのエピソードである。この授業では「2÷3を分数で表す」という課題を理解するために、「2Lの水を3人で分けると1人分は？」という問題を学習した。ある児童は図10のように考え、グループでの話し合いで、答えは「6分の2（＝3分の1）」だと言ったそうだ。そして、「3分の2」という意見に対しても、「2を1として考えると3分の1になる」という考えを発表したという。

　正解はもちろん「3分の2（L）」だが、その児童はなかなか納得がいかない様子だったそうだ。

図10　2Lの水を3人で分ける

　この児童が他の児童と異なる意見を堂々と言えたのは、担任である若手教員が、たとえ間違いであっても「自分の意見を表明する」「他者の意見に耳を傾ける」ことができる雰囲気の学級づくりを進めてきたからだと望月は述べている。さらに、この児童は特に、普段から物事を深く考え、納得できないことはとことん考え抜く児童だった。だから望月は、この児童の「想定外の反応」を、量の問題と割合の問題の違いを考える上での「授業内容の深まりの契機」として捉え、丁寧に対応している。この授業を振り返って、望月は、「実物を使う手立てや話し合い活動の導入」などの教育方法に目を奪われ、本来の目標である「子どもがわかること」を十分には意識していなかったと述べている。そして、以下のように「反省的実践」としての授業観を示している。

・「教員が何をしたか」ではなく「子どもがどんな学びをしたか」という視点を忘れてはいけない。
・教員は子どもの実態や変化を見ることで、自分自身の手立ての在り方を振り返ることが重要である。

(12) わかりやすい説明のわかりにくさ

　筆者は高校の教師だったので、小学校の授業を参観すると、小学生（とりわけ低学年の児童）に教えることの難しさを感じるとともに、小学校の教員の「わかりやすい授業」のための指導方法に感心する。たとえば小学校の算数は、高校の数学のように抽象的思考で学習を進めていくわけにはいかないので、具体物にたとえたり、数図ブロック（数のイメージの形成のために用いる、表面に丸印を表示した正方形のブロック）などを使ったりと、いろいろと工夫することが必要なのだと思う。

　あくまでその上での話であるが、大人の論理の「わかりやすさ」が、かえって子どもにとっては「わかりにくさ」となる可能性があるように思う。

　子どもは、具体物にたとえられると、ある意味では素直に、実際のモノ・コトとして受けとめその意味を考えてしまう。そして、たとえが奇妙であればあるほど、そのことが気にかかってしまうのかもしれない。また、特に発達障害のある児童生徒にとっては、余分な情報・刺激が混乱を生じさせることも考えられる。問題作成者が大真面目に考えて「たとえの奇妙

さ」に気がつかないのだとしたら「喜劇」だとも言えるし、その結果、児童が混乱したとしたら「悲劇」だと言えるのではないだろうか。

(13) 学習におけるつまずきを理解する

　生徒の学習意欲の向上に関する実践研究に取り組んだ中学校教諭の田中(2019) は、日本語が十分に習得できていない外国籍生徒の、学習におけるつまずきについて考察している。技術科のテストで、授業で使った道具に関する出題があった。正解は「のこぎり」で、出題した教師は、生徒が解答しやすいように選択肢から記号で答える形式にした。しかし、この生徒は、「のこぎり」の形状は頭に浮かんでいても、日本語の理解が十分ではないため、選択肢から「のこぎり」を選択することはできなかった。そこで、支援に入っていた田中が、翻訳アプリで選択肢を順にポルトガル語に訳していった。そして、「のこぎり」が「vi」であるとわかった瞬間、その生徒は明るい表情を見せたそうだ。

　このことから、田中は、日本語の語彙がある程度増えるまでは辞書等の支援ツールの使用を許可し、「学習性無力感」に陥らないような対応をしていくべきだと感じたと述べている。

　田中はさらに、この気づきは外国籍生徒の学習支援だけではなく、全ての生徒の学習支援にとっても大切な観点であり、「勉強が苦手な生徒たちや学習に向かいづらい生徒たちにとって、何をどのように支援することが本人の意欲の向上や立て直しにつながるのかという視点で見守っていきたいと強く感じた。」と述べている。

　一般的に学習指導は、「教師＝わかっている」人が「児童生徒＝わかっていない人」に教えるという構造で展開される。その際、わかっている者にとっての「わかりやすい」説明は、わかっていない者にとっては「わかりにくい」説明となる落とし穴があるように思える。わかっている者はわからない者の気持ちがわかりにくいものだ。だから、わかっている者は、わからない者がどこでつまずいているのか、どんな気持ちで混乱しているのかを理解しようと努めない限り、わかりやすい指導はできないのである。そういう意味でも、学習指導は生徒指導や児童生徒理解と切り離して考えることはできない。

3　教師の指導性

（1）教師の主体性

　児童生徒の主体性を大切にするということは、教師の主体性・指導性を否定することではない。むしろ、児童生徒と教師の主体性の本気の対決（正面から向き合うというニュアンスをもつ英語の confrontation）の中でこそ、教育は深まっていくものだろう。106 ページで述べた『わたしが教師になったとき』の詩に倣（なら）えば、「わたしが教師になったとき、自分が主体性を持たないで、子どもたちにどうして主体性を持てと言えるのか」ということだ。

　学校における人間関係づくりプログラムの実践研究に取り組んだ中学校教諭の柿内（2018）は、メンバーの相互のコミュニケーションや情報共有によって問題を解決する「アイドルを探せ」（津村俊充・星野欣生、1996）などのグループワークをヒントにしつつ、オリジナルの「〇〇先生を探せ」を開発している。既存のものをそのまま使う場合と異なり、開発のプロセスでプログラムに関する教師の理解が深まり、プログラムへの思い入れが生まれ、教師が主体的に取り組む機運が高まるという効果もあったと柿内は述べている。

　筆者は教員時代、校務分掌に係る文書作成にあたっては、できるだけ前例踏襲を避けるようにした。特に変更する必要がない場合でも、一部分でもいいから自分の言葉に置き換えるように心がけた。そのような作業によって、前例の意味を自分の中で咀嚼（そしゃく）することになり、主体的に関与した文書に対する思い入れと自負が生まれるものである。

　学校では夏休み前に、「夏休みの過ごし方」等のプリントが配布される。その内容は主に、気の緩みへの戒めや、問題行動に関する注意である。しかし、その多くは児童生徒にとっては「言われなくてもわかっている」ことであり、筆者自身が学校でプリントを受け取ったときのことを思い出しても、心が動いた記憶はほとんどない。学校の管理外の時間において道を外さないようにという教師の意図はわかる。しかし、それ以上に、教師として夏休み前に伝えるべきことは、学校と距離を置く中で豊かな意味をも

つ夏休みとなることを願い見守っているという「ひと夏の成長へのエール」ではないだろうか。筆者はそう考え、校長のときに、長年にわたって前例を踏襲していたプリントを全面的に書き換えた。

（2）子ども至上主義の落とし穴

「堀川の奇跡」で有名な京都市立堀川高校の校長を務めた荒瀬克己は、「内発を促す外発」という言葉を示し、「生徒の自主性」を口実とした教師のかかわり放棄の問題点を指摘している（荒瀬、2010）。筆者は近年の子ども中心の教育観が、「外発」すなわち教師の指導性という観点を欠く傾向があるのではないかと感じることがある。

奈良美智の描く子どもは、「素直」「純粋」「無邪気」というようなイメージとは対極にある、独特の表情をしている。最近の画風は少し柔らかくなってきたようにも思うが、これまで奈良が描いてきた子どもは、大人の欺瞞（ぎまん）を見透かし、大人の期待する子ども像を拒絶し、大人の「子ども扱い」をはねのけるかのような、鋭いまなざしをしていた。筆者は奈良の描くそんな子どもの絵が好きだ。

筆者が奈良の絵が好きな理由は二つある。一つは、自分自身が子どもだったときを思い浮かべると、当時の自分自身を「素直」「純粋」「無邪気」等の子ども像で語る、あるいは語られるのは、何となくしっくりこない感じがするからだ。「邪悪で」「ひねくれた」「反抗的な」子どもであったというわけでもないが、どちらかというと、奈良の描く子ども像のほうが、幼いときの自分のリアリティと合致するように思える。それと、もう一つの理由は、奈良の絵は、「児童中心主義」を表層的に理解し、単純な「子ども礼賛思考」「子ども至上主義」に陥ることへの警鐘になると思うからである。

筆者は学生時代には日本史を専攻した。大学に入り、マルクス、エンゲルス、羽仁五郎、井上清らの著書を、悪戦苦闘しながら読み進む中で、学校教育で学んできた「英雄史観」（歴史は偉大な英雄が作り出すものという歴史観）から「人民史観」（歴史は無名の民衆が作り出すものという歴史観）へのコペルニクス的転回に傾倒した。大学のクラス文集に寄せた下関の小旅行記に、筆者は、関門海峡を「源氏と平家の茶番劇の舞台」と記述した。今の学生には、何を言っているのかわかってもらえないだろう。当

時の筆者は、「中世の歴史を本質的に規定しているのは武士（封建領主）と
農民（農奴）の階級闘争であり、学校教育で歴史的な出来事として教えら
れた壇ノ浦の戦いは封建領主間の単なる主導権争いに過ぎない」と考え、
「茶番劇」と表現したのだった。けれども、やがて、自分の「人民史観」は、
実は「英雄史観」の単なる裏返しに過ぎないことに気づき始めた。「英雄」
中心の発想を「人民」中心の発想に置き換えただけで、「英雄」と「人民」
のかかわりや関係性のダイナミズムを考える視点を欠いていたということ
である。そして、「歴史をつくるものは誰か」という問題について考察した
プレハーノフ Georgij Valentinovich Plekhanov の『歴史における個人
の役割』などを手がかりに、「人民史観をベースにしつつ歴史における英雄
の役割を考える」という考え方になっていった。

　近年の教育言説では、「子どもが自ら考える」「子どもが積極的に取り組
む」など、「児童生徒の主体性」がしばしば強調される。それは重要なこと
だとは思う。けれども、そこには、「児童生徒の主体性」が「教師の指導性」
と相まって初めて具現化するものであることを見落としてしまう落とし穴
があるように思える。筆者の単純な「人民史観」が「英雄史観」の裏返し
に過ぎなかったように、単純な「児童中心主義」は実は「教師中心主義」
の裏返しに過ぎないのではないかと感じることもある。「人民史観をベー
スにしつつ歴史における英雄の役割を考える」という発想に倣えば、「児童
中心主義をベースにしつつ教育における教師の役割を考える」ことが大切
なのではないだろうか。

（3）「子ども中心」の欺瞞

　学習における子どもの主体的な興味・関心に注目することは重要な視点
である。しかし、学校教育の内容は、学習指導要領・教科書・指導書等に
よって、子どもの主体的な興味・関心に先立って、大人の判断で編まれて
いるものだ。それは、文化の継承という観点から必要とされるものではあ
るが、一方で、文化の問い直しや新たな文化の創造を妨げる側面をもって
いる。つまり、学校教育とはそもそも、予め定められた価値体系の中に児
童生徒を誘導するという「原罪」ももっているとも言えるだろう。

　「プロ教師の会」代表の河上亮一と、公教育を批判的に捉える公立中学校

の教師との対談（河上、1988）を 30 代前半に読んだ筆者は、とても興味深く思ったことを覚えている。中学校の教師は、たとえば生徒の評価について、「評価されるということが子供にはすごく重荷なわけ。苦痛なわけ。だからね、評価とかそういうことを抜きで授業をやれれば、多少は面白いんじゃないかと僕は思うわけね。」と主張する。これに対し、河上は、生徒との関係において教師が権力をもつ立場となり、いろんな意味で子どもを指導し管理する（対談の中では「選別する」「差別する」と表現されている）ことは、教師である限り必然的なことだと指摘している。そして、「そういう教師の原罪性を自分からはっきり引き受けたうえで、それを自分で無化したと思い込むことではなく、日々の生徒とのかかわりでどう解体してゆくのかを追及してゆくこと」が大切であると述べている。さらに、「世の中にはいろんな生き方があるんだってことを教師自身が示すことが悪いわけじゃないでしょ。」と言う教師に対し、河上は、「そんなことしゃべったって、自分を救っているだけで生徒とは関係ないでしょ。」と厳しく切り返している。

　今振り返れば、筆者は、「生徒中心主義」を装いつつどこかしら「腰の引けた」指導しかできない自分と、この教師の言葉との共通性を感じていたように思う。そして、河上の言葉を、痛いけれどもある意味、本質を突いた指摘だと受けとめたように思う。教師が自らの「原罪」を自覚し、引き受け、そして葛藤する中からこそ、「児童生徒の主体性」が浮かび上がってくるのであり、「原罪」を自覚しない教師には「児童生徒の主体性」など見えはしないだろう。

　前にも述べたように、教師だけでなくカウンセラー・宗教家・政治家等、「人の役に立つ」専門職は全て、「うさん臭さ」と紙一重のところに立たざるをえないものだ。そして、己の「うさん臭さ」を自覚することこそが、本当に「うさん臭く」なってしまうことを回避する唯一の手段ではないかと思う。奈良美智が描く子どもの「鋭い目線」は、大人や社会の「うさん臭さ」を射抜いているようにも思える。

（4）師範としての矜持

　子どもは子どもで、大人が忘れ去ってしまいがちな「生きづらさ」の中で生きている。でも、大人は大人で、子どもには思いもつかない「生きづ

らさ」の中で生きているはずだ。

　「大変なことが多い人。略して、大人という。」これは、コピーライターの佐藤康生の広告コピーである。「大人の気持ちが、子供にわかって、たまるか。」これは、コピーライターの仲畑貴志の広告コピーである。いずれも、大人は大人としての矜持を失わないことの大切さを示している。大人が大人であることの自負をもてないから、「大人になりたくない」という子どもや若者が出てくるのではないかと思う。

　学校教育においても、教師には、専門職として児童生徒を指導する自負が求められる。筆者の勤める大学が交流を続けている北京師範大学を訪れたときに、キャンパスの大きなモニュメントが目にとまった。そこには、北京師範大学の校訓である「学為人師、行為世範」という言葉が刻まれていた（**図 11**）。「学んで世の人の師となり、行いて世の人の範となる」というのが「師範」の意味だと知った。後日、筆者の大学で「教育大学って、昔は何と呼ばれていたか知ってる？」と聞いてみたところ、ほとんどの学生は師範学校という言葉を知らなかった。筆者は、昔の師範学校が良かったと言いたいわけではないが、子ども礼賛思考や子ども至上主義が広まる中で、「師範」としての自覚や責任感がなおざりにされてはいけないと考えている。

図 11　北京師範大学の校訓

　河合（1992b）は、「時に教師のなかには、自分は生徒と常に対等であるなどと主張したり、同じ仲間だと言う人もある。そのような方には、『それではあなたも授業料を払って下さい』と言うことにしている。（略）自分の担当している教科については、その知識においてもそれを効果的に教える点においても、教師は生徒をはるかに上まわっている必要があるし、（略）人生における常識も生徒より豊かにもっていなくてはならない。」と述べている。

ただし、ここで留意したいのは、師範としての自覚や責任感とは、優越感とは異なるということである。優越感は、児童生徒を「未熟で、導くべき存在」と捉え、子どもの主体性を軽視し操作的に支配する「愛のない力」につながる。また、優越感は、子どもを「無力で、庇護すべき存在」と捉え、子どもの主体性を軽視し過剰な援助を行う「力のない愛」にもつながる。

　「優越感」には「優」という字が含まれているのも象徴的だ。児童生徒が教師の優しさを疎ましく感じるときは、「優越感による優しさ」であるように思う。それは、先に述べた「共に苦しむ」関係性ではない。水平社宣言に「人間を勦（いたわ）るかの如き運動は、かえって多くの兄弟を堕落させた」とあるが、「優越感による優しさ」は「勦るかの如き」かかわりであるとも言えるだろう。

（5）「叱る」という行為

　「教師の指導性」というテーマを深めていく上では、第1章でも触れた「叱る」という行為について考察する必要がある。教員養成大学に対する教育委員会の要望でよく耳にするのは、英語や学術用語で表現される難しい概念ではなく、実は、「しっかりと叱ることのできる教師を育ててほしい」というシンプルな要望である。また、教師を目指す学生たちの不安でいちばんよく耳にするのも、実は、「児童生徒をうまく叱ることができるだろうか」というシンプルな不安である。このことから、教師の指導性の核の一つである「叱る」という行為は、とても重要なことであり、またとても難しいことであることがわかる。

　西山（2003）は、「叱り」の意味を考察するにあたって、ある公立高校の教師を対象に調査を行っている。その中で、次のような「失敗例」が挙げられている（「←」の後は回答者のコメント）。

・「全体で動くべき時に人の悪口を言うなど個人の感情をもちこむな。」（修学旅行中の陰口に対して）← 全体を叱ったのがまずかった。そのようなトラブルに気づいていない女子、無頓着な子、該当する両者に属さない第三勢力にもクラス内でのトラブルや反目があることを知らせてしまったり、不快な思いをさせたり、お互いが痛くも無い腹をさぐりあったりと、大変雰囲気の悪い四日間にしてしまい

ました。

・「他のクラスにできて、どうしてこのクラスはできないのか。課題は
　自分のためにある。積み重ねが大事。」（他との比較で欠点を指摘）
　← 神妙に聞いてはいるが、提出状況はほとんど変わらない。
・「授業を何だと思っているのか。ふざけるな。」（授業に集中せずにサ
　ボってしゃべっていた）← 感情的になっていたために生徒は呆然
　としていた。冷静に叱れなかったことを深く後悔すると同時に、自
　分の授業がつまらないと言われたようで、ショックだった。逆に生
　徒に「何だこいつ」と思われた気がした。感情的になってはいけな
　いと思った。

　まず何よりも印象的なのは、回答した教師の、誠実に自己を振り返り、
謙虚に指導の問題点を省みる姿勢である。三つめの回答のように、「自分
の授業がつまらないと言われたように思い感情的になって叱ってしまう」
ということは、筆者も何度か経験したことがあり、そのときの苦い気持ち
とともに思い起こされる。この教師は、苦悩しながら省察を深め、このよ
うにきちんと自分の課題を言葉にしたので、もう同じことは繰り返さない
だろう。しかし、普通は、これらの「失敗」を生徒のせいにして、「あいつ
らは素直じゃない」「いくら言ってもわからない奴らだ」と、自分に何の非
もないかのように居直る教師が少なくないような気がする。これらの回答
は、おそらく、この学校の良質な教師文化と、調査者の丁寧なかかわりの
賜物ではないかと思われる。

　西山は、これらの「失敗例」を分析して、「教育相談の場面では、『（相談）
相手の成長のため』という前提が揺るぎにくいが、『叱る』ことは必ずしも
そうではなく、見せしめ的に『他の生徒のため』であったり、管理的に『学
校のため』であったり、他の教師の手前『自己顕示（自己愛）のため』で
もあり得る。」と指摘している。「相手の成長のための叱り」とは、第1章
で述べた「青鬼ではなく赤鬼で叱る」ということとも通底している。

（6）はらのすわった「叱り」

　先に「あたまとはら」（意識と無意識）という心のしくみを念頭に置いた
生徒指導について述べたが、「本気の叱り」とは、「はらのすわった叱り」

というイメージで捉えることもできるだろう。

　筆者が高校の校長を務めていたとき、生徒のある不正行為が問題になった。しかし、その生徒は「ぼくを信じてくれないのか」と言って行為を認めようとしないとのことだった。筆者は、会議の場で、背景にある生徒の強迫的なプレッシャーや不安を理解する必要があると助言した。と同時に、校長としての訓告にあたって、「信じてくれないのか」という言葉が出たらどう対応すべきかを一晩考えた。そしてたどり着いたのが、「そんな言い方で大人を揺さぶるのは間違っている。信じてもらえないのであれば、信じてもらえるような人間になることが大切なのではないのか。」という言葉だった。

　結果的には生徒が自省の姿勢を示したので、この言葉を口にする必要はなかったが、何を軸にして、何を目指して生徒指導を行うのかを考えたことで、校長としてはらをすえて対応できたのだと思う（阿形、2020）。

　「本気で叱る」ためには、あたまは揺れ動いていてもはらはすわっていることが必要なのかもしれない。児童生徒はしばしば、教師に対して「もうどうでもいい」「放っておいてくれ」「学校を辞めてやる」という類の揺さぶりをかけてくる。「関係の切断」を匂わす脅しだとも言えよう。そんなときに、たじろぎ、動揺し、指導の一貫性を失うようでは「本気の叱り」にならないし、児童生徒にとって必要な「壁」たりえない（状況を見極めて臨機応変に対応しなければいけない場合ももちろんあるが）。

　はらが固まっていないのにあたまだけが硬い指導には児童生徒は反発する。本音とかけ離れた、あるいはリアリティのない、正論・建前による指導がそれにあたる。

　筆者が勤めた高校の同僚の「はらのすわった指導」を紹介する（藤井、2006）。対人コミュニケーションが苦手な男子生徒に対する対応である。「どうせ自分なんて」が口癖のその生徒がある日、ある教師のところに相談にきて「友だちが全然できない」と愚痴をこぼした。その教師は、クラスの他の生徒たちが決してその生徒を忌避しているわけではないこと、にもかかわらずその生徒自身がしり込みして他の生徒と関係をもとうとしないことを把握していた。「彼の主体性が自閉的な行動をとらせているのでは

ないか」と捉え、病理学的判断とは別に、彼の人間としての発達や成長に
関して教師が果たさなければならない役割があると考えていたのである。
そこで、その教師は、「あったりまえだ。本当の友だちなんて、そんな簡単
にできるわけないだろ。時間がかかるのは当然だ。」と一喝した。また、校
外学習の自由行動の際に、わざわざ教師から見える距離のところに一人で
立っているその生徒の姿を見つけても、「ひとりぼっちをアピールしてい
るのだろうけれど、ここは本人が乗り越えていくべき場面だから手を出さ
ないほうがいい」と判断して、その教師と担任は相手にしなかった。そし
てその一方で、自由行動の間はずっと、気づかないふりをしながらさりげ
なくその生徒の様子を見守っていた。

　この教師や担任は、決してその生徒が孤独なままでも仕方がないと思っ
たわけではない。生徒を突き放すことで「自分の殻を打ち破ること」を促
したのだ。この生徒はやがて、活発な女子生徒たちが、腫れもの扱いでは
なくざっくばらんにその生徒に声をかけたことがきっかけとなり、体育大
会で級友たちと一緒に活動することができるようになっていった。

　「はらがすわる」というのは、感情を排したクールな姿勢（愛のない力）
を意味するのではない。日本語はよくできた言語で、「はらがすわる」には
「情がない」という意味合いは含まれていない。むしろ、はらの中でさまざ
まな思いが交錯するけれども、全体としては一定の「おさまり」をもって
いる状態が「はらがすわる」ということだろう。

4　教育言説のリアリティ

（1）教師の空論

　第1章で、山下（1999）が「現実を無視した正論や生徒が実行不可能な
正論」を吐く教師の問題点を指摘していることを紹介した。「本気の教師」
とは、リアリティのない正論・理念・建前を口にしない教師だと言えるか
もしれない。

　教師が好んで用いる言葉に「努力すれば夢は叶う」「努力は人を裏切らな
い」などがある。努力の大切さを伝えたいという願いはよくわかる。しか

し、人は生きていく中で「努力してもどうにもならない」こともたくさん経験するものだ。「努力すれば夢は叶う」というメッセージが、結果の出ない子どもを「自分の努力が足りないからだ」と追い込んでしまうことにもなりかねないと指摘したカウンセラーもいる。

ボクシングの世界チャンピオンの山中慎介や村田諒太の高校時代のボクシング部の恩師である武元前川は、部員たちに「努力したからといって報われるわけじゃない。でも努力しないと報われない。」と話していたという。現実に根ざした言葉であり、生徒を奮い立たせる言葉であると思う。

筆者も、「夢は叶う」式のメッセージよりも、重松清の「『青春には無限の可能性がある』なんて言葉は、たぶん嘘だ。」という言葉のほうに共感を覚える。重松（2005）は、「中学生や高校生の日々、それは『自分はなんでもできる』と信じていられたコドモ時代に別れを告げ、真夜中に街の灯が一つまた一つと消えていくように『できること』が減っていく数年間なんだと認めるところから始めよう。（略）中高生の数年間は可能性が減っていく日々だ。挫折や敗北感を嚙みしめる連続だ。でも、だからこそ、受験の失敗でも失恋でもなんでもいい、『負け』に負けてしまわないでほしい。『負け』を正面から受け止める、その心だけは勝っていてほしい。」と述べている。

高校生にもなると、発達段階的に、「努力すれば夢は叶う」よりも「負けに負けるな」に心を震わせる生徒のほうが圧倒的に多いのではないかと思う。現職院生と「これまでの人生で自分が断念してきたこと」について話し合ったことがある。誰もが多くの「断念」を経て大人になってきたことがよくわかった。

（2）子どもをみくびらない

大人だけではなく、実は小学生でも高学年になると、大人が思っている以上に「生きることの難しさ」や「世の不条理」に何となく気づき始めているのではないだろうか。

短編集『せんせい』（重松清、2011）に収められている「にんじん」では、担任の教師の「ユウ、キョウ、ダン！（友情、協力、団結）」のスローガンのもとで頑張ってきた児童たちが、6年生になった様子について、「5年生

と6年生を比べると、体力は確実に6年生のほうがまさっている。しかし、そのぶん一人ひとりの差も広がってしまうのだと気づいた。勉強と同じだ。できる子はどんどん先に進んでいくし、できない子はいつまでも同じ場所にとどまって、差は開く一方だった。（略）いつまでもみんな一緒ではいられない。6年2組の子どもたちは、『ユウ、キョウ、ダン！』が通用する時期を過ぎてしまったのだ。」とリアルに描いている。

　また、短編集『小学五年生』（重松清、2007）に収められている「カンダさん」では、隣家のあこがれのお姉さん「久美子さん」と恋人の「カンダさん」の交際と破談を見つめる中で、大人の世界の恋愛や家族関係の複雑さと難しさを感じる小学5年生の「ヨウくん」がリアルに描かれている。また「おとうと」では、重い眼病を患っている「アツシ」くんの兄の小学5年生の「ナオキ」くんが、弟を疎ましく思ったり哀れに思ったりしながら、弟がそんな病気になることの不条理を感じる様子がリアルに描かれている。筆者は、「子どもを見くびってはいけない」ということを考えるために、重松のこれらの小説を学生によく勧めている。

　『ちびまる子ちゃん』の4コマ漫画にも、おもしろいものがあった。永沢くんが「ボクは神様なんていない気がするんだ」と言うと、藤木くんが「ボクもだよ」と言う。これに対し、大野くんは「オレはいると思う時があるぜ」、杉山くんは「オレもあるなァ」、長山くんは「ボクもあるよ」。次に、前田さんは「そんなのいないに決まってるじゃん」、はまじは「見た事ないしなー」と言う。そして、最後のコマで、永沢くんが暗い表情で「いると感じてる人は運がいい人ばかりだね……」とつぶやき、藤木くんも沈んだ顔で「そうだね……」と言う。

　文章で書くと救いのない話になってしまうが、さくらももこの独特のタッチの漫画で見ると、「世の不条理」がテーマなのに、何となくほのぼのと可笑しく思えるとともに、彼女が永沢くんや藤木くんにも心を寄せていることがよく伝わってくる。理想論ばかり口にする教師は、永沢くんや藤木くんのような存在を見落としているのではないかと思えてくる。

　「人は泣きながら生まれてくる」、シェイクスピアの『リア王』の中のセリフである。人生には泣きたくなるようなこともたくさんあることを、実

は子どもたちも感じ取っていると思う。だから、2005 年に放映された TV ドラマ『女王の教室』で、阿久津先生が本気で「いい加減、目覚めなさい。人生に不安があるのは当たり前です。大事なのはそのせいで自信を失ったり、根も葉もない噂に乗ったり、人を傷つけたりしないことです。」と言った言葉が、ドラマとは言え多くの視聴者の心にも届いたのだと思う。

（3）夢こわし

　思いどおりにいかない人の世を生きていくためには、現実を直視し断念すべきことは断念することが重要になる。教師の好きな言葉である「夢さがし」「自分さがし」よりも、「夢こわし」「自分なくし」のほうが大切なテーマとなる局面もあるだろう。

　「夢こわし」について、氏原（1995）は、子どもの小さい間は夢をふくらませるのが望ましいので、たとえば子どもがプロ野球の選手になると言えば、親は「応援に行ってあげるよ」と言えばよいが、実際になれるのはほんの一握りだけであり、「中学生くらいになって、やっぱりプロ野球の選手になると子どもが言えば、おとなは、果たしてこの子にそれだけの力、ないしは素質があるかどうかを見極めねばならない。（略）とてもプロ野球の選手にはなれそうになかったら、どれほどなりたいと思っても諦めなければならない。（略）つまり思春期は、子どもの時から育んできた夢を、自分の客観的な能力を見極めて、ということは人と比べた上で、捨ててゆく時期なのである。」と述べている。

　この文章に触発されて、筆者は校長のときに、3 年生の進路説明会で「夢こわし」の話をした。

　「青年期という時代は、ある意味で『夢さがし』の時代です。自分の個性・興味・関心・適性などを見出し、いろいろな自己実現の道に思いを『ふくらませていく』時代です。と同時に、青年期という時代は、ある意味で『夢こわし』の時代です。『こわす』というと、あまり良い意味ではないように感じるかもしれませんが、そうではなくて、『しぼりこんでいく』という意味です。人は大人になっていくプロセスで、『ふくらますこと』と『しぼりこむこと』の二つの作業をうまく行っていくことが必要です。たとえば、幼稚園や小学校の子どもが『大きくなったらプロ野球選手になりたい』

と言っていたら、『微笑ましい夢』と見てあげることができるでしょう。けれど、実際にプロ野球選手になれるのは、ごく限られた人でしょう。高校生ともなれば、自分の客観的な能力を見極めて、子どものときから育んできた夢を『断念』して、あるがままの自分にフィットする生き方を選び取る必要があります。」とここまでは、「夢こわし」「断念」について話した。

　そして、「今、『断念』と言いましたが、それは、決して、後ろ向きの作業ではないと思います。私が教師になって数年経ったある日、カーステレオから流れてきた、谷村新司の『陽はまた昇る』という歌の歌詞に、突然、心が大きく動き、しばらく車を止めてもの思いにふけっていたことがありました。こんな歌詞です。『夢を削りながら、年老いていくことに、気がついたとき……』といっても、これは決して、『あきらめ』『悲しみ』の歌ではありません。その後に続く歌詞は、『初めて気づく、空の青さに』です。人間にはすべてのことができるはずがありません。大人になるということ、自分の生きる道を見つけるということは、何かを断念することかもしれません。そして、それが単純な『あきらめ』ではなく、よくよく考えたうえでの決断であれば、『これでいいんだ』という深い自己肯定感に支えられているので、決して後悔しないでしょうし、だれのせいにするわけでもなく、選択による結果をしっかりと自分で引き受けることができるはずです。もちろん、妥協すればいいということを言っているのではありません。就職をめざす人も、進学をめざす人も、『ふくらますこと』と『しぼりこむこと』という難しい作業をしっかりとやりきって、まわりが考える『流行』『一流』を追いかけるのではなく、自分の内側から生まれるエネルギーで『一流の自分』をめざす心意気を持って、進路実現に向けて頑張ってくれることを期待しています。」とエールを送った。

　ちなみに、「まわりが考える『流行』『一流』を追いかけるのではなく、自分の内側から生まれるエネルギーで『一流の自分』をめざす心意気」というのは、河合（1997）の、「自分の進むべき道を見いだして、そこで一流に向かって努力し続けるのと、皆が考える一流というのに、乗っかってゆこうとするのとは、まったく異なっている。後者のようなのは『一流病』とでも言うべきで、日本人の大半がこれにやられているために、随分と日

本中を暗くしている感じがする。」という言葉をヒントにしている。

　第1章で、「断念」「諦観」について触れた。為末（2013）は、「諦める」の本来の意味が「明らめる」、すなわち「あきらかにする」「つまびらかにする」という意味であることを踏まえ、「諦める」ことの意味を、「自分の才能や能力、置かれた状況などを明らかにしてよく理解し、今、この瞬間にある自分の姿を悟る」ことではないかと述べている。

　筆者は、「断念」「諦観」を考える教材として、中島みゆきの『幸せ』（1997）の歌詞を使い、学生たちに問いかけたことがある。「『幸せになる道には二つある、一つ目は、願い事、うまく叶うこと、幸せになる道には二つある、もう一つは……』、さて、この後、どんな言葉が続くと思う？」と質問する。なかなかすぐには返ってこないが、時には「あきらめる」と言う言葉が出ることもある。ちなみに、実際の歌詞は、「願いなんか、すててしまうこと」だ。そして、さらに「せんないね、せんないね、どちらもぜいたくね、せんないね、せんないね、これからどうしよう」と続く。「せんない」とは「仕方がない」という意味である。願いが叶うことと願いを捨てることを「どちらもぜいたくね」というところが意味深い。「願いを捨てることもぜいたく」というのは、谷村新司の「夢を削ることで、初めて気づく、空の青さ」という歌詞にも通底している。

　筆者はきっと、これらの大好きなフォークソングにも影響を受けて、進路説明会で「単純なあきらめではなく、よくよく考えたうえでの断念であれば、断念による結果を自分で引き受けることができる」と話したのだと思う。実際、高校生たちの中には、首尾よく第一志望の進路を実現していく生徒もいるが、学力・経済状況・社会状況等々によって、第一志望の進路を断念せざるをえない生徒も少なからずいる。生徒たちのそんな現実を直視しているのであれば、「夢は叶う」式の理想論など、決して口にできないはずだと筆者は思う。

（4）自分なくし

　「自分さがし」も教師が使いたがる言葉だが、みうらじゅんは「自分なくし」というテーマを示している。『自分なくしの旅』『さよなら私』などの著書もあるみうらは、2019年にNHKで放映された『最後の講義　みうら

じゅん』でも「じぶんなくし」をキーワードに講演し、若者を中心に大きな反響を呼んだ。みうらは「あきらめることで、バッテンをつけていく。それが“自分なくし”って作業なんですよ」と話している。まさに「断念」である。仏像ブームの火付け役でもあったみうらは、この講義の冒頭に「知ってます？　気がついてます？　人は死ぬんだってよ」と語りかけている。平易な言葉でのトークだが、実は「生老病死」のテーマを基底にした仏教哲学の講義なのである。

　また、みうら（2009）は、「そもそも自分探しなんて、まだ自分にはいい面が残っているはずだって信じているわけでしょ？　探したあげく、最悪な自分しか見つからなかったらどうします？（略）自分なんて見つけてるひまがあるのなら、少しはボンノウを消そうとする『自分なくし』のほうが大切じゃないでしょうか？」と、「煩悩」という言葉を使って自分さがしの問題点を指摘している。

　『ちびまる子ちゃん』の4コマ漫画で、こんなものもあった。まるちゃんが「先生がね、『自分にしかできない事を見つけましょう』て言ったけど、おじいちゃんは何かそういうのってある？」と友蔵じいさんに聞く。じいさんは「ないよ。わしにできる事なんて他の人みんなもできるよ」と答える。まるちゃんは「……そうだよね。自分にしかできない事なんて、ないよねえ。かえって、あるほうが変わり者だよね」と返し、最後のコマでは、「私もないよ。普通でよかったよ」と言うまるちゃんに、じいさんは微笑みながら「よかったかい。そりゃよかったのう」と言う。筆者は、『ちびまる子ちゃん』の世界の魅力の一つが、この4コマ漫画のような、まるちゃんの「幼性」と友蔵の「老性」が織りなす実感のこもった人生論だと思っている。

（5）自力と他力

　「自分らしさ」「自尊感情」「自己指導力」「自己実現」なども教育言説で好んで用いられる概念である。いずれも学校教育を考える上で重要な意味をもっているが、筆者は、これらは近代社会特有の人間観であって、決して普遍的・絶対的なものではないと考えている。これらの言葉には、全て頭に「自」がついている。だから、結果的に、自分に執着する「我執」の

勧めに、あるいは自分の力だけで生きていく「自力」の勧めになっているのではないだろうか。そして、「自分らしさ」は自己中心に、「自尊感情」は自己愛に、「自己指導力」は自分本位に、「自己実現」は自己顕示欲にもつながっていると言えるだろう。

2019 年の年間ベストセラー第 1 位は『一切なりゆき 樹木希林のことば』だった。これは、「我執」「自力」ではなく「自然」「他力」への人々の志向を象徴しているような気がする。ちなみに、「自然」とは、「おのずから、しかり」、すなわち、「おのずからそうであること」「人の作為のないそのままの在り方」を意味する言葉である。

筆者は「自力」を否定するものではないが、「自己実現」等の言葉がフィットしないもう一つの理由は、「無限の成長の可能性」を前提としているように思えるからである。教育現場で通俗的に使われる「自己実現」という言葉は、ロジャーズやマズロー等の概念を指しているのではなく、「自分で何らかの目標を掲げそれを実現していくこと」という意味で使われていることが多い。そしてそれは、「成長の可能性はいくらでもある」という考え方、言い換えれば「夢は叶う」という考え方を前提にしているように筆者には思える。しかし、重松が言うように、青春には無限の可能性があるなんて嘘だ。可能性を見失ってはいけないけれども、それは決して無限ではない。

（6）マネジメント論の罪深さ

近年は、学校教育においても、校長が数値目標を設けて PDCA サイクルで学校経営にあたることが求められる。しかし、設定される数値目標は、現状が「50」であるなら 1 年ごとに「5」を上積みし 5 年後に「75」にするというような実に単純な発想が多い。そこでは、どのあたりが妥当な上限であるかが熟考されることは稀である。また、その数値目標が教員や児童生徒に過剰な負荷や強迫的なプレッシャーを与える可能性もほとんど考慮されない。

「働き方改革」に係る学校の業務改善に関連して、効率化や簡素化を図るさまざまな方法がマネジメント論の観点から流布されている。しかし、これらも、問題の本質に関する洞察が不十分なものが多いように筆者は感じ

144

ている。効率化・簡素化という考え方は、学校現場における業務の在り方
が「工夫が十分ではない」「無駄なことまでやっている」という前提があっ
て初めて成り立つ論である。しかし、現場の実情も知らない者が教師の業
務の在り方を裁断するような議論に対して、筆者は強い怒りの感情を禁じ
得ない。現場の教師の業務スタイルがパーフェクトであるとは思わないが、
少なくとも、そこに一定の意味を見出し、そこに何らかの願いを託すから
こそ、教師はその業務に取り組んでいるのだ。それが、30年間にわたり高
校教育に携わった筆者の実感である。

　さらに、ごく常識的に考えれば、「働きすぎ」という課題は「仕事を減ら
す」か「人を増やす」ことによって解決を図るというのが当たり前の筋道
である。なのに、国の教育行政は次から次へと新しい課題を現場に提示す
る。そして、学校経営においては数値化が大事だと言っているにもかかわ
らず、新しい業務を遂行するために新たにどれだけの人員と時間が必要と
なるかという数値は示されない。新しい業務のための教員加配等の人的措
置も極めて不十分である。教員定数を増やすという抜本的な改善策が俎上
にのせられることもない。これらの本質的な問題を棚上げにして「現場の
創意工夫」を求める議論が横行していることを、筆者は危惧しているので
ある。

　筆者も校長のときには、教育委員会への提出を求められ、「学校経営計
画」を作った。数値で記入する「評価指標」の欄には「平日の家庭学習時
間、1年2割増、2・3年倍増」「私立大学のべ合格率〇〇％以上、センター
試験受験〇〇名以上」などを掲げた。しかし、職員会議で筆者は、「これら
の数値目標は、あくまで私たちがめざす方向性を示しているだけで、大切
なのは、全体の数値で表される実績ではなく、一人一人の生徒と丁寧にか
かわることだと思っています。数値などというのは、そのような個別のき
め細かなかかわりの総和にしかすぎません。全体として達成されるされな
いは本質的な問題ではないと考えています。」と説明した。

　このような考え方の問題点を、筆者は新聞のコラムで、「平均点に縛られ
る愚かさ」というタイトルで、現場の教師が向かい合っているのはそれぞ
れの物語を抱えた一人一人の生徒たちの集合体である、と以下のように論

じた（阿形、2017）。

中学3年生のクラスの風景を例にとると、Aさんは、成績が急降下。2年までは目立たない生徒だったが、3年になり教師や親への言葉づかいが荒くなり、髪や服装も乱れ、授業をエスケープするようになった。担任はAさんとの話し込みや家庭訪問を通じて、生徒指導に努めている。

Bさんは、1年次から成績が振るわない。文章を読む際にどうしても隣の行が目に入ってスムーズに読めないという「学びづらさ」を抱えているため、特に国語が苦手。担任はBさんの学習を支援するさらなる特別なサポートを検討している。

Cさんは、非常に成績が優秀。有名高校・大学に進学し将来は医者に……という親の期待に応えるべく頑張っているが、ときおり暗い目になりふさぎ込む。担任は「優等生の息切れ」を心配し、教育相談的な援助のタイミングを見計らっている。

現場の先生方が向き合っているのは、このようなそれぞれの物語を抱えた一人一人の生徒たちの集合体である。なのに、その平均点に目を奪われ他の地方公共団体や他の学校より下位ではないかと迫るような指導は、Aをさらに反発させ、Bをさらに戸惑わせ、Cをさらに追い詰めることにもなりかねない。

児童生徒の学力の向上を願わない教師などいない。しかし同時に、現場の先生方は個々の生徒たちのそれぞれの「できる」「できない」の意味を丁寧に考えながら、一人一人をどう支援するかにエネルギーを注いでいるのである。

東日本大震災の直後、ビートたけしはこう語った。「この震災を2万人が死んだ一つの事件と考えると、被害者のことをまったく理解できないんだよ。1人が死んだ事件が2万件あったってことなんだよ。本来、悲しみっていうのはすごく個人的なものだからね。」

35人のクラスであれば「35人の成績という一件の課題」があるのではなく、「私の成績という課題が35件ある」のだ。学力問題を論じる者は、「聖なる一回性」を見失ってはいないか、その見識が問われるのだ。

このような筆者のコラムについて、「私は"児童"という言葉を複数形で

あるという印象を持っていたが、"児童"は単数形であることに気づいた。」という感想を書いた学生がいた。

（7）浄土と穢土、理想と現実

　以上、「夢は叶う」「自分さがし」などの教育言説の問題点を考えてきた。これらの言葉は、リアリティを欠いており、実感を伴って自分の問題として受けとめることが難しいため、児童生徒の心には響かないこともあるだろう。

　八木（1992）は、同和教育における教師の反差別の言説が児童生徒に響かない理由について考察する中で、部落差別が否定されなければならないことを「自明の理」「所与の前提」だとみなしてしまい、「自明の理」「所与の前提」それ自体の由縁に接近して理解するという努力を捨て去ってしまっている点を指摘している。その結果、部落問題をめぐる規範注入型の多くの反差別的言説は、「正しすぎてどうしようもない」という印象を受け手に与え、退屈なものになるのだと述べている。

　同じような視点から、近年の大きな教育課題となっているいじめ問題における「あってはならない」というメッセージについて、筆者は、「"いじめ対策論"が『いじめはあってはならない』という理想・理念に基づく考え方であるのに対し、"いじめ教育論"は『人間関係においてはトラブルやいじめはあるものだ』という現実・実感に基づく考え方だということです。いじめは"看過できない問題"であり"あってはならない問題"だというのは、『対策の論理』『大人の論理』ではあっても、『教育の論理』『子どもの論理』として児童生徒が腑に落ちる言葉ではないと私は思います。なぜなら、児童生徒は、理想の世界を生きているのではなく、『弱くて強く、冷たくて温かい仲間と共に学校生活を送る中で、不安と希望の間で揺れながら、人間関係の意味を考えていく』という現実の世界を生きているからです。『あっても仕方がないわけではない』けれども、『あってはならないなどと言っても仕方がない』と私は思っています。」と述べている（阿形、2018）。

本気のかかわり

1 教師と児童生徒の関係性

（1）サル学と生徒指導

　2013年に、日本生徒指導学会の第14回大会が京都で開催された。公開講座では、京都大学霊長類研究所の松沢哲郎教授が「想像するちから 〜チンパンジーが教えてくれた人間の心〜」の演題で講演を行った。この、生徒指導と関係がないように思えるサル学の話が、実は生徒指導のテーマと深く関係していた。

　愛知県犬山市にある京都大学霊長類研究所では、チンパンジーの個体を「この方は、女性の〇歳の方です」というように表現する。これは「対象へのリスペクト」を意味する。また、講演の中で松沢は、仲間に危険を知らせるチンパンジーの鳴き声をマイクなしで実演した。「チンパンジー語を話せるのだ」と思った。鳴き声の習得は、「対象の文化の理解」を意味する。松沢が研究対象としているアイとアユムの親子の実験の動画では、松沢がアイの体を丁寧にタオルで拭き、アイが松沢の頭をグルーミング（親しい関係のサルが行う、俗に言われるノミ取り行為）する場面があった。このような日々のふれあいは「対象との信頼関係」を意味する（松沢哲郎、2011）。

　チンパンジーと関わる上で大切なこれらの態度について、「対象」を「児童生徒」に置き換えると、「児童生徒へのリスペクト」「児童生徒の文化の理解」「児童生徒との信頼関係」になる。

　霊長類研究においては、日本の研究が世界を牽引してきた。そのポイントとなったのは、「個体識別」と「サルとの信頼関係」である。野生のサル

たちは人を警戒する。したがって、欧米の科学的な研究方法は、サルの生活や行動を研究する場合、少し離れたところに観察小屋を作ったりカメラをセットしたりして観察するという発想だった。しかし、そこには自ずと物理的・心理的な「距離」という限界が立ちはだかる。これに対し、日本の研究者は、「サルの中に入る」という発想に立った。サルの警戒を解くには、一定の時間と労力を要する。日本の研究者は、たとえばニホンザルの研究においても、根気強く関係づくりに取り組み、個々のサルに名前を付け、欧米の学者が驚愕するような個体識別を行い、やがてはサルの生活エリアの中に入っても警戒されない（研究者がいてもサルたちが普段どおりの生活をする）ようになっていった。こうして、日本のサル学は、「サルの立場に立つこと」と「研究者の眼を維持すること」の両立を実現したのである。

　これを生徒指導に置き換えると、「児童生徒の立場に立つこと」と「教師の眼を維持すること」の両立が重要だということになる。「教師の眼を維持すること」に偏ることの問題点について、土居（1992）は、「本当にわかるためには、傍観者の立場を越えて、相手の立場に身を置き、相手の心がこちらに伝わってくるのでなければならない。」と述べている。また、「児童生徒の立場に立つこと」に偏ることの問題点について、第 1 章でも紹介したが、小泉（1978）は、寄り添ってできるだけ一緒にいたい、相手の気持ちを理解したいという気持ちだけの対応では、二人で手を取り合ってさまよい歩く「霧の中のカウンセリング」になると表現している。

　児童生徒理解において、昨今は「観点」「リスト」「記録様式」「指導計画シート」などの概念や様式がよく挙げられる。しかし、教師と児童生徒の信頼関係が築けておらず、児童生徒が教師に「普段の様子」「本当の気持ち」を見せようとしない中では、いくらこれらのシステムを精緻に運用したところで、児童生徒の本当の姿を把握することはできない。欧米の当初の「距離」を置いたサル学の限界と同じである。だから生徒指導においては大前提として「教師と児童生徒との関係性」が何よりも大切なのである。川上（1988）は、「昨今の学校現場には、先生と子どもが共有する厚い絆というものが息づいて居ないのでしょう。『子どもにとっての先生』と『先生

にとっての子ども』などといったような関係ではなくて、『先生という他人』が『子どもという他人』と、自然科学的客観主義にもとづいた技術的交流を行っているだけということになってきているようです。」と指摘している。筆者は、教育に関する実践研究が、「自然科学的客観主義」「技術的交流」に偏り、教師と児童生徒との関係性を疎外していくことに留意したいと考えている。

（2）「高校は義務教育ではない」は封印すべき言葉

　筆者が教職を務めた校種は高校だったが、残念ながら、生徒と丁寧に関係をつくっていく姿勢が乏しい教師はどちらかと言えば小学校・中学校よりも高校に多いように思える。その原因は、発達段階により教師と児童生徒の距離の取り方が異なるから、あるいは教科内容が高度になるにつれて「情よりも理」という文化になるからかもしれない。また、「高校は義務教育ではない」という考え方がそうさせるのかもしれない。

　我が国の学校制度では、確かに高校は義務教育ではない。しかし、だからと言って、丁寧な生徒理解・生徒指導を行わなくてもよいとは、どこにも書かれていない。『生徒指導提要』は高校も対象に含まれた「生徒指導に関する基本書」である。これまで筆者が耳にした「高校は義務教育ではないから……」という言葉は、単に学校制度の説明をしているのではなく、ほとんどの場合、その後ろに「生徒の自己責任である」「教師が関わることにも限界がある」という責任転嫁、かかわり放棄の主張が隠されていたように思う。そこには、教師としてのかかわりの在り方を真摯に検証する姿勢、生徒との膠着した関係性を打ち破るために誠実に取り組む姿勢が欠落している。だから筆者は、「高校は義務教育ではない」は封印すべき言葉だと考えているのである。

2　教師と児童生徒の信頼関係

（1）学生たちが考えた「教師と児童生徒の信頼関係」

　筆者が担当している学部授業『生徒指導論』のテストで、「教師と児童生徒の信頼関係や児童生徒理解について、重要だと思うポイントを、具体的

な例を挙げながら述べなさい」という問題を出したことがある。その解答
例を紹介する。

　一つめの解答。この学生は、幼稚園教諭から聞いた、友だちに意地悪を
してしまう女の子の話を書いていた。AちゃんはBちゃんと仲良しであ
る。でも、BちゃんがCちゃんと遊んでいると、Aちゃんは、それが気に
くわないため、Cちゃんをのけものにする。このことが発覚したとき、そ
の先生は、Aちゃんに「先生はAちゃんのこと大好きだよ。」と優しく声
をかけた。すると、今まで強がっていたAちゃんは、途端に涙が溢れ出て、
大泣きしたそうだ。学生はこの話から、「人間は年齢に関係なく、無条件に
誰かに愛されているという確信がなければ、常に不安で誰かを愛すること
が難しいのではないかと思った。」と述べている。

　二つめの解答。自分が小学生の頃、東北から転校生がきたそうだ。その
子はずいぶんと方言がきつかったため、他の児童はその転校生をからかい
はじめた。そして、その子は、すぐに学校に来なくなった。小学校５年の
とき、親の転勤により、自分が転校することになった。「私は、あの転校生
のことを思い出し、すごく不安になった。私もいじめられたらどうしよう
と考えていた。」そうだ。転校初日、やはり彼女の広島弁は驚かれた。その
とき、担任がみんなに、「かっこいいな、広島弁！」と言ったという。その
結果、他の児童は、「他にも方言を聞かせて」などと、温かく受け入れてく
れたそうである。実は、転校前日に担任の先生に挨拶に行ったとき、その
教師は、泣きそうで不安そうなようすを感じ取り、いろいろと学校のこと
を話してくれたという。それで、彼女は自分の抱えている不安を話すこと
ができたのだった。お母さんも知らなかったと驚いていたそうである。学
生はこの体験から、「『愛と信頼に基づく教育的関係』とは簡単に築けるも
のでは決してない。まずは、教師からそっと、温かく歩み寄ることで、児
童生徒が安心して教師に相談や話しをできる環境をつくることが大切だと
思う。」と述べている。

　三つめの解答。自分が中学生だったとき、それまではおとなしく、目立
たなかった同級生の女子生徒が、ある日から、ピアス・染髪をしてくるよ
うになり、校内での喫煙などを繰り返し、最後は学校に来なくなってし

まったという。そのクラスは、何事にも積極的で、合唱コンクールで優勝するなど、一般的に見ても問題のない良いクラスだった。しかし、「何事にも一生懸命なクラスの雰囲気に疲れている子もいたかもしれない。嫌なことや苦手なことでも、『やらなければ』『できなければ』というプレッシャーを感じていたかもしれない。」とこの学生は書いている。そして、「彼女の心の変化に気づき、教師がそれを理解しようと努力していれば……と思う。また、彼女を受け入れるクラスの雰囲気づくりや、教師自身の言葉があれば、彼女は不登校にならなかったのではと思う。大切なのは、どうしてそのような行動をとったのかを理解し、受け入れ、改善することだと思う。まずは相手の気持ちに立つことが、問題解決への第一歩であると思う。」と述べている。

　四つめの解答。この学生は、中学校 2 年の頃、進路に関して深い悩みを抱えていた。三者面談のとき、担任は、「成績が振るわないので、地元の普通科でも合格できるかどうかのレベルだ。もっと低いレベルの高校を探したほうがいい。」と言い、実業高校のパンフレットを渡した。「唖然とする私の横で、母は激怒していました。母は、小学校ではあんなに成績が良かったのに、なぜ今こんなことを言われるのかという思いと、先生の物言いや態度があまりにも心ないものだったので、怒ったのだと思います。」とこの学生は書いている。そして、それっきり、担任と話す機会を避け続け、自分で探した塾へ通い詰めて、地元外の普通科の進学校へ合格したそうだ。学生はこの体験から、「今、振り返って思うことは、先生に、私の気持ちをもっと聞いてほしかったという思いです。進路のことじゃなくても、私の性格や、小学校の頃のこと、親のこと、好きなこと、嫌いなこと、何でもいいから、聞いてほしかったという思いです。そんなささいなことからとっかかりが生まれていれば、信頼して先生の話を聞くことができて、渡されたパンフレットを捨てることもなかったのかもしれません。真に生徒に共感を持つことは簡単なことではないけれども、お互いの距離を縮めるワンステップは教師からのステップであってほしいと、心の深いところで思っている生徒は少なくないと私は考えます。」と述べている。

　これらの解答を見て、筆者は『生徒指導論』で伝えたいことを学生が

しっかりと受けとめてくれたことを嬉しく思った。そして、これらの解答から、「無条件の肯定的関心」「共感」「受容」「傾聴」などの概念を改めて想起させられた。学生たちが解答に書いた気持ちを忘れずにいれば、きっと「良い教師」になるに違いない。

（2）児童生徒に認められて教師になる

　学生が書いているように、「愛と信頼に基づく教育的関係」とは決して簡単に築けるものではない。むしろ、信じても信じても裏切られる中でこそ、その教師の生徒指導の真価が問われるように思う。

　本学の教職大学院の現職院生だったある中学校のD先生の事例である。彼は、異動した中学校で3年生の担任をもつことになった。当時、その中学校は荒れていたそうだ。中でも彼が担任となったクラスのEくんは、学校生活に馴染めず、遅刻・欠席・暴言などが目立つ生徒だった。始業式、D先生が初めてEくんと出会う。D先生が、「今度、担任になったDです。よろしくな。」と声をかけると、Eくんは「誰がお前を担任って決めた？俺はそう思ってないぞ。」と言った。こんなときは、教師に対する口のきき方について指導することも考えられるかもしれない。けれども、D先生は、こう答えたそうだ。「そうやな。それなら今から1年かけて担任になるわ。」

　このときの気持ちを、D先生はこう話していた。「中学校生活2年間の教育が、Eをここまで『大人不信』にしてしまったのかと胸が痛みました。そして、『このまま大人不信を抱えて卒業させたらいけない』『大人も捨てたもんじゃないとわからせたい』と強く思いました。」それから、D先生の根気強い働きかけが始まった。そして、紆余曲折の後、卒業式の日、Eくんは「ありがとな」の言葉を添えて、D先生に花束を持ってきたそうである。

　D先生は、このときのEくんとのかかわりを振り返って、「Eくんに出会うまで、自分は自分自身のことを当たり前のように『先生』だと思っていた。だからこそ、『担任とは認めない』と面と向かって言われてみて、『なるほど、そうだよな』と開眼した思いだった。『教師とは、生徒に認められてこそ初めて教師になれるんだ』ということに改めて気づかされた。

子どもは教師を選べない。だからこそ、私たち教師は子どもの心に寄り添えなければならない……。」と話した。

　「児童生徒は担任の言うことを聞かなければいけない」「児童生徒は同じクラスの仲間と仲良くしなければならない」、一見正しいようだが、よく考えると、これは教師の側の論理にすぎない。学級とは最初は教師の側の判断による人為的な集団である。児童生徒が担任や同級生を選んだわけではない。Eくんの言った「誰がお前を担任って決めた？」は、ある意味で正しい指摘であるとも言える。

　社会学者のテンニエス Ferdinand Tönnies のゲゼルシャフト・ゲマインシャフトの概念（Ferdinand Tönnies, 1887）を借りるならば、スタート時点の学級は、ゲゼルシャフト（利益社会、何らかの目的達成のために人為的・機械的に形成された社会・集団）ではあっても、ゲマインシャフト（共同社会、血縁や友情などのパーソナルな結合による社会・集団）ではないはずだ。筆者は、D先生の言葉をヒントに、学級づくりとは、「ゲゼルシャフトとしての集団をゲマインシャフトとしての集団に深めていく営み」、つまり、学級（における児童生徒どうしの関係、児童生徒と教師の関係）は、最初から当たり前に存在するものではなく、「育んでいくもの」「紡いでいくもの」であると考えた。言い方を変えると、学級は、担任の学級運営と児童生徒の共同・協働によって、初めて真の意味での学級になるということである。そして、教師だからと権力を振りかざすのではなく、児童生徒との信頼関係を築いていく中でこそ、「教師が教師になるとき」が訪れるのだということを、筆者はD先生のかかわりから改めて教わった気がした。

　筆者は教員養成大学である鳴門教育大学で、主に生徒指導や教育相談について学生の指導にあたってきた。教員免許取得の必修科目『生徒指導論』も担当してきた。教員採用試験の合格に向けた指導も行ってきた。しかし、教員免許を取得し教員採用試験に合格したら教師になれるのではない。児童生徒に「先生」として認められて初めて教師になるのである。これからも、そのことを何よりも軸に据えて、「優しくて厳しい教師」「本気の教師」を育んでいきたいと思う。

[参考文献]

● 阿形恒秀（1994）『教育相談の特性と相談教師の役割』鳴門教育大学大学院、1993年度修士論文（副論文）

● 阿形恒秀（2003）「池田小学校の事件を通じて提示したいもの」阿形恒秀・石神亙・中村敏子・森川敏子・山本深雪『こころと心をつなぐ学習プラン 思春期理解とこころの病』解放出版社

● 阿形恒秀（2012）「生徒指導と教育相談」『教育セミナー四国2012分科会報告書』日本教育新聞社

● 阿形恒秀（2015a）「教員養成段階における生徒指導の専門性養成 ―学校現場が求める『生徒指導力』を考える視点から―」『生徒指導学研究』第14号、学事出版

● 阿形恒秀（2015b）「教員養成と研修の在り方 学部レベル」日本生徒指導学会編著（2015）『現代生徒指導論』学事出版

● 阿形恒秀（2015c）「理想は『行くえを照らす星』」『徳島教育』第1166号、徳島県教育会

● 阿形恒秀（2016a）「夏休みの積極的意味」『月刊生徒指導』第46巻第10号、学事出版

● 阿形恒秀（2016b）「問題行動にどうかかわるか」『月刊生徒指導』第46巻第13号、学事出版

● 阿形恒秀（2017）『学力テスト考』徳島新聞、2017年8月4日

● 阿形恒秀（2018）『わが子のいじめに親としてどうかかわるか 親子で考える「共に生きる意味」』ジアース教育新社

● 阿形恒秀（2020）「教員の深い児童生徒理解を醸成する管理職の見識」『月刊生徒指導』第50巻第4号、学事出版

● 相原恵子（2020）『小学校での学習・生活への適応を支援する入学後の取組 ―UDの視点を活用して―』鳴門教育大学教職大学院2019年度最終成果報告書

● 荒瀬克己（2010）大阪府教育センター職員全体研修（2010年1月6日）におけるレジュメ

● 中条省平（2018）『100分de名著 アルベール・カミュ ベスト』NHK出版

● David.A.Sousa・Tom.pilecki、胸組虎胤訳（2017）『AI時代を生きる子どものためのSTEAM教育』幻冬舎

● ディスカヴァー21編集部編（1998）『先生に言えなかった このひとこと』ディスカヴァー・トゥエンティワン

● 土居健郎（1992）『新訂 方法としての面接 臨床家のために』医学書院

● Donald.A.Schön、佐藤学・秋田喜代美訳（2001）『専門家の知恵 ―反省的実践家は行為しながら考える』ゆみる出版

● Ferdinand Tönnies（1887）「Gemeinschaft und Gesellschaft」杉之原寿一訳（1957）『ゲマインシャフトとゲゼルシャフト ―純粋社会学の基本概念』岩波書店

● Foucault, m.（1973）「監獄的監察について」小林康夫・石田英敬・松浦寿輝編『フーコー・コレクション4 権力・監禁』筑摩書房

● 藤井隆（2006）「仲間と信頼を軸にした人間関係への気づき」『生徒指導学研究』第5号、学事出版

● 福島章（1976）『甘えと反抗の心理』日本経済新聞社

● Hannah Arendt、大久保和郎訳（1969）『イェルサレムのアイヒマン ―悪の陳腐さについての報告』みすず書房

● 原田宗典・柚木沙弥郎（2006）『ぜつぼうの濁点』教育画劇

● 東山紘久・藪添隆一（1992）「学校カウンセリングの特別技法」東山紘久・藪添隆一『システマティックアプローチによる学校カウンセリングの実際』創元社

● 平沢安政（1998）「解放教育における授業改革と人権教育」『解放教育』No.363、解放教育研究所

● 五木寛之（1996）『旅人よ』角川文庫

● 五木寛之（1997a）『みみずくの散歩』幻冬舎文庫

● 五木寛之（1997b）『生きるヒント4 ―本当の自分を探すための12章―』角川書店

- 一色尚（2003）『生徒指導への挑戦』大阪府高等学校生活指導研究会での講演
- 和泉享平（2019）『小学校中学年における児童相互のよりよい人間関係づくりに向けた支援』鳴門教育大学教職大学院 2018 年度最終成果報告書
- Jung. C.G., et al.、河合隼雄監訳（1976）『人間と象徴』河出書房新社
- 柿内英紀（2018）『中学校におけるよりよい人間関係づくりのためのプログラムの開発と実践』鳴門教育大学教職大学院 2017 年度最終成果報告書
- 角田豊（1997）『共感についての臨床心理学的研究 ―法則定立的研究と個性記述的研究の相補的結合をめざして』京都大学博士論文
- 角田豊（1998）『共感体験とカウンセリング 共感できない体験をどうとらえ直すか』福村出版
- 角田豊（2009a）「生徒指導の意義・生徒指導観・本気さ」角田豊編、片山紀子・内田利広著『生徒指導と教育相談』創元社
- 角田豊（2009b）「父性と母性：子どもが成長するための空間」角田豊編、片山紀子・内田利広著『生徒指導と教育相談』創元社
- 葛西真記子（2019）『LGBTQ ＋の児童・生徒・学生への支援』誠信書房
- 片山紀子（2014）「アメリカの学校における体罰の衰退」『体育科研究学研究』30 巻 1 号、日本体育科教育学会
- 河合隼雄（1970）『カウンセリングの実際問題』誠信書房
- 河合隼雄（1971）『コンプレックス』岩波書店
- 河合隼雄（1983）『大人になることのむずかしさ ―青年期の問題―』岩波書店
- 河合隼雄（1984）『日本人とアイデンティティ』創元社
- 河合隼雄（1986a）『心理療法論考』新曜社
- 河合隼雄（1986b）『宗教と科学の接点』岩波書店
- 河合隼雄（1989）『河合隼雄全対話 ①ユング心理学と日本人』第三文明社
- 河合隼雄（1992a）『子どもと学校』岩波書店
- 河合隼雄（1992b）『心理療法序説』岩波書店
- 河合隼雄（1997）『おはなし おはなし』朝日新聞社
- 河合隼雄・鷲田清一（2003）『臨床とことば』阪急コミュニケーションズ
- 川上範男（1984）「学校カウンセラーの本領」『少年補導』339 号、大阪少年補導協会
- 川上範夫（1986）大阪府教育委員会「教育相談研修講座Ⅰ」の講演における発言
- 川上範夫（1988）「生き生きと『あそべる』ことと、豊かに『生きられる』ことと」『少年補導』390 号、大阪少年補導協会
- 河上亮一（1988）「学校を否定したって、生徒は待ってくれない！」別冊宝島 78『ザ・中学教師［プロ教師へのステップ］編』JICC 出版局
- 河村茂雄（2000）『学級崩壊 予防・回復マニュアル』図書文化社
- 木下臣仁（2017）『生徒指導を良循環に導く日常の組織的取組とその効果について』鳴門教育大学教職大学院 2016 年度最終成果報告書
- 岸田秀（1997）『ふき寄せ雑文集』文藝春秋
- きたやまおさむ（2016）『コブのない駱駝 きたやまおさむ「心」の軌跡』岩波書店
- 木屋村円（2013）『高等学校における教育相談の活性化 ～不適応・不登校生徒の支援の充実に向けて～』鳴門教育大学教職大学院 2012 年度最終成果報告書
- 久徳重盛（1979）『母原病 ―母親が原因でふえる子どもの異常』サンマーク出版
- 河野彰宏（2019）『頑張る姿が輝く小学校の集団作りの在り方 ――人ひとりの児童理解を基盤に―』鳴門教育大学教職大学院 2018 年度最終成果報告書
- 小泉英二（1978）『続 学校教育相談』学事出版

●久木田水生・神崎宣次・佐々木拓（2017）『ロボットからの倫理学入門』名古屋大学出版会
●黒田咲智（2014）『中学校における別室での学習支援と教育相談 ～居場所づくり「なかなか E-time」の試み～』鳴門教育大学教職大学院 2013 年度最終成果報告書
●牧野徳一（1952）「生活指導の限界」大阪府高等学校生活指導研究会編『生活指導』第 6 号
●松井直人（2018）『中学校における課題を抱える生徒への援助を目指す教育相談の在り方』鳴門教育大学教職大学院 2017 年度最終成果報告書
●松井義子（1993）『平和のパン種』東方出版
●松沢哲郎（2011）『想像する力 チンパンジーが教えてくれた人間の心』岩波書店
●メガミックス編（2012）『人生を教えてくれた 傑作！広告コピー 516』文藝春秋
●三木野博之（2017）『自立した社会人を育む組織的・計画的な教育活動の展開 ―高等学校総合学科における系統的なキャリア教育を通して―』鳴門教育大学教職大学院 2016 年度最終成果報告書
●三隅二不二（1966）「新しいリーダーシップ ―集団指導の行動科学―」ダイヤモンド社
●三ツ橋理恵（2020）『小学校における「心が動く読書活動」の推進』鳴門教育大学教職大学院 2019 年度最終成果報告書
●三浦綾子（1996）『明日のあなたへ』集英社
●みうらじゅん（2009）『さよなら私』講談社
●文部科学省（2003）『不登校への対応について』
●文部科学省（2010）『生徒指導提要』
●森毅（1977）『学校とテスト』朝日新聞社
●森田洋司（2010）「『生徒指導提要』とこれからの生徒指導」『生徒指導学研究』第 9 号、学事出版
●森谷寛之（2000）「生徒指導に対する基本的考え方」森谷寛之・田中雄三共編『生徒指導と心の教育 入門編』培風館
●望月崇宏（2015）『小学校における「子ども理解のポイント」作成 ～若手教員の学級づくりへの支援を通して～』鳴門教育大学教職大学院 2014 年度最終成果報告書
●武者小路実篤著、亀井勝一郎編（1953）『武者小路実篤詩集』新潮社
●中島岳志（2020）『コロナ禍の憲法記念日 監視社会拡大に注意』徳島新聞 2020 年 5 月 4 日
●仲正昌樹（2017）『NHK100 分 de 名著 ハンナ・アーレント 全体主義の起源』NHK 出版
●中村雄二郎（1992）『臨床の知とは何か』岩波書店
●浪花博（1983）『学校カウンセリングの理論と実際』大阪心理出版
●奈良美映（2018）『小学校における互いの思いを認め合い対話を生み出す学習の試み』鳴門教育大学教職大学院 2017 年度最終成果報告書
●西野伸寿（2013）『高等学校における教育相談の組織的活動の推進 ～教職員の生徒理解の深化を目ざして～』鳴門教育大学教職大学院 2012 年度最終成果報告書
●西山和孝（2003）「『叱る』生徒指導の実態と課題」上地安政・西山和孝編著『「叱る」生徒指導 ―カウンセリングを活かす―』学事出版
●日精研心理臨床センター編（1986）『独習 入門カウンセリング・ワークブック』金子書房
●小野修（1995）鳴門生徒指導学会シンポジウム「教師にとって不登校（登校拒否）とは」における発言、鳴門生徒指導学会（1996）『鳴門生徒指導研究』第 6 号
●大江健三郎（1978）『小説の方法』岩波書店
●大杉栄（1914）「生の創造」大杉栄全集編集委員会編（2014）『大杉栄全集 第 2 巻』ぱる出版
●小佐古定雄（2011）『上方笑いの系譜』徳島新聞 2011 年 7 月 4 日
●Perls.F.S.（1969）『Gestalt Therapy Verbatim』Real People Press
●Perls.F.S.、倉戸ヨシヤ監訳（2009）『ゲシュタルト療法 バーベイティム』ナカニシヤ出版
●Rogers,C.R.（1957）「The Necessary and Sufficient Conditions of Therapeutic Personality

Change」『Journal of Counseling of Psychotherapy』21（2）（伊藤博編訳（1956）「パーソナリティ変化の必要にして十分な条件」『ロジャーズ全集4 サイコセラピィの過程』岩崎学術出版社

- Saint-Exupéry、堀口大學訳（1955）『人間の土地』新潮社
- 佐藤学（1996）「授業という世界」稲垣忠彦・佐藤学『授業研究入門』岩波書店
- 重松清（1999）「ライオン先生」『別冊文藝春秋』第228号・第229号、文藝春秋
- 重松清（2001）『セカンド・ライン ―エッセイ百連発！』朝日新聞社
- 重松清（2005）『明日があるさ』朝日新聞社
- 重松清（2007）『小学五年生』文藝春秋
- 重松清（2011）『せんせい』新潮社
- 七條正典（2018）香川大学での最終講義（2018年3月17日）での発言
- 多田富雄（1998）『ビルマの鳥の木』新潮社
- 髙橋巖（1987）『シュタイナー教育の方法』角川書店
- 髙嶋大生（2020）『主体的な気づきと対話を重視した小学校道徳科の授業改善 ―哲学的・宗教的思索を通して―』鳴門教育大学教職大学院2019年度最終成果報告書
- 田中保子（2019）『「自己調整学習」を通した学習意欲の向上 ～定期テストでのPDSサイクルづくりを中心に～』鳴門教育大学教職大学院2018年度最終成果報告書
- 谷昌恒（1996）『教育力の原点 家庭学校と少年たち』岩波書店
- 為末大（2013）『諦める力』プレジデント社
- 寺脇研（2018）『危ない道徳教科書』宝島社
- 津村俊充・星野欣生（1996）『Creative Human Relations Vol Ⅳ』プレスタイム
- 辻岡靖代（2016）『子どもたちが集団の一員として自己実現をめざす生徒指導』徳島県小学校教育生徒指導研究大会での発表
- 植田みどり（2013）「イギリスにおけるいじめと体罰 ―学校の安全と規律維持の取り組み―」『比較教育学研究』第47号、日本比較教育学会
- 上野千鶴子・中村雄二郎（1989）『〈人間〉を超えて ―移動と着地』青土社
- 上原崇（1993）『生徒指導と子どもの人権』東信堂
- 氏原寛（1995）『おとなになるには ―カウンセラーが語る 生き方 ものの見方』ミネルヴァ書房
- 氏家治（1986）『教育の原点を求めて』大日本図書
- 氏家治（1988）『教育の原点 ―理論とその実証―』大日本図書
- 内田樹（2005）『先生はえらい』筑摩書房
- Van,Gennep,A.、綾部恒雄・綾部裕子訳（1977）『通過儀礼』弘文堂
- 薗科正弘（1988）「学校の治療的教育相談の特質」浅井昌弘・皆川邦直・今井五郎編『メンタルヘルス実践体系4 登校拒否』日本図書センター
- 鷲田清一（2010）『わかりやすいはわかりにくい？ ―臨床哲学講座』筑摩書房
- 鷲田清一（2014）『幸せここに インタビュー編 鷲田清一さん（哲学者）「若者に思う（下）」』徳島新聞 2014年6月12日
- 藪下和仁（2020）『中学校における自他への信頼を育む学級集団づくり』鳴門教育大学教職大学院2019年度最終成果報告書
- 藪添隆一（1990）和歌山県高等学校カウンセリング研究会主催第35回研究大会における発言
- 藪添隆一（1991）「高等学校のカウンセリング」氏原寛・谷口正巳・東山弘子編『学校カウンセリング』ミネルヴァ書房
- 藪添隆一（1996）「シンポジウム」『鳴門生徒指導研究』第6号、鳴門生徒指導学会
- 八木晃介（1992）『部落差別論 ―生き方の変革を求めて』批評社
- 八木啓代（1998）『危険な歌』幻冬舎

● 山中康裕（1996）『臨床ユング心理学入門』PHP 新書
● 山下一夫（1993）「生徒指導における 3 つの立場と基本的態度」『鳴門教育大学研究紀要（教育科学編）』第 8 巻
● 山下一夫（1999）『生徒指導の知と心』日本評論社
● 山下一夫（2004）「生徒指導の力量」倉光修編『臨床心理学全書第 12 巻 学校臨床心理学』誠信書房
● 山下一夫（2009）「学校臨床における基本姿勢」日本臨床心理士会編『臨床心理士の基礎研修 ファーストステップ・ガイダンス』創元社
● 箭内道彦（2015）『いつも新しくありたい 大先輩のコピーに学ぶ』徳島新聞 2015 年 5 月 12 日
● 八並光俊（2020）「チーム援助の考え方と実践」佐古秀一編『チーム学校時代の生徒指導』学事出版

監修者である森田洋司先生におかれましては、2019年12月31日にご逝去されました。本書の監修においては、多大なるご指導やご助言をいただきまして、一同心から御礼を申し上げます。ここに謹んでご冥福をお祈り申し上げます。

[監修]

森田洋司（もりた・ようじ）

大阪市立大学名誉教授、大阪樟蔭女子大学名誉教授・元学長、元鳴門教育大学特任教授。博士（文学）。日本生徒指導学会会長、日本犯罪社会学会会長、日本社会病理学会会長、日本被害者学会理事長等、学会の要職を歴任。文部科学省第8期中央教育審議会初等中等教育分科会委員。同省「いじめ防止対策協議会」座長。同省「不登校に関する調査研究協力者会議」座長。

山下一夫（やました・かずお）

鳴門教育大学学長
博士（学術）、臨床心理士。京都大学大学院教育学研究科教育方法学専攻博士課程単位取得後退学。1986年に京都大学教育学部助手、1988年に鳴門教育大学学校教育学部講師。同助教授、教授、理事・副学長を経て2016年より現職。

[著者]

阿形恒秀（あがた・つねひで）

鳴門教育大学教職大学院教授、同大「いじめ防止支援機構」機構長
大阪府立高校社会科教諭・教頭・校長、大阪府教育委員会首席指導主事等を経て、平成23年に鳴門教育大学に着任。同大生徒指導支援センター長などを経て現職。専門は生徒指導・教育相談・人権教育等。

シリーズ生徒指導研究のフロンティア
教育臨床の視点に立った生徒指導 　IV

2021年2月22日　初版第1刷発行

監　　修	森田洋司・山下一夫
著　　者	阿形恒秀
発 行 人	花岡萬之
発 行 所	学事出版株式会社
	〒101-0021　東京都千代田区外神田2-2-3
	電話　03-3255-5471
	http://www.gakuji.co.jp
編集担当	町田春菜
組版・印刷・製本	精文堂印刷株式会社

落丁・乱丁本はお取り替えします。
© Yohji Morita et.al.2021
ISBN978-4-7619-2691-5 C3037　Printed in Japan